A VIDA EM DESORDEM

Marcel Rufo

A VIDA EM DESORDEM
Viagem à adolescência

Tradução CLAUDIA BERLINER

wmf **martinsfontes**

SÃO PAULO 2013

Esta obra foi publicada originalmente em francês com o título
LA VIE EN DÉSORDRE
por Editions Anne Carrière.
Copyright © Editions Anne Carrière, 2007.
Copyright © 2013, Editora WMF Martins Fontes Ltda.,
São Paulo, para a presente edição.

1ª edição 2013

Tradução
Claudia Berliner
Acompanhamento editorial
Luzia Aparecida dos Santos
Revisões gráficas
Helena Guimarães Bittencourt
Luzia Aparecida dos Santos
Edição de arte
Katia Harumi Terasaka
Produção gráfica
Geraldo Alves
Paginação
Moacir Katsumi Matsusaki

Dados Internacionais de Catalogação na Publicação (CIP)
(Câmara Brasileira do Livro, SP, Brasil)

Rufo, Marcel
 A vida em desordem : viagem a adolescência / Marcel Rufo ; tradução Claudia Berliner. – São Paulo : Editora WMF Martins Fontes, 2013.

 Título original: La vie en désordre.
 ISBN 978-85-7827-681-2

 1. Adolescentes – Aspectos psicológicos 2. Adolescentes – Comportamento 3. Pais e filhos 4. Papel dos pais I. Título.

13-03826 CDD-155.5

Índices para catálogo sistemático:
1. Adolescentes : Psicologia   155.5

Todos os direitos desta edição reservados à
Editora WMF Martins Fontes Ltda.
Rua Prof. Laerte Ramos de Carvalho, 133 01325-030 São Paulo SP Brasil
Tel. (11) 3293-8150 Fax (11) 3101-1042
e-mail: info@wmfmartinsfontes.com.br http://www.wmfmartinsfontes.com.br

Índice

Preâmbulo   **1**
Introdução: Do hospício à Maison de Solenn   **5**

1. Nem diagnóstico, nem prognóstico   **15**
    A auscultação psicológica   *17*
    É preciso tempo para formular um diagnóstico   *25*
    Quando o diagnóstico dá medo   *31*
    Para acabar com a noção de incurabilidade   *37*

2. A vontade de curar   **41**
    Consulta e proposição interpretativa   *43*
    A psiquiatria não é onipotente   *49*
    A cultura é um cuidado   *53*
    A vida escolar, base do jogo intelectual e cognitivo   *63*

3. Os pais, aliados e torcedores   **67**
    Inato, adquirido: um debate ultrapassado?   *69*
    "Sobreviver"   *77*
    Sim para a distância, não para a parentetomia!   *85*

4. Os transtornos alimentares   **91**
    Em defesa de um tratamento multidisciplinar   *93*
    Uma psicose monossintomática   *97*
    Perspectivas de futuro   *103*

5. As patologias evoluem com o tempo   **107**
    O que aconteceu com os(as) histéricos(as)?   **109**
    O estado-limite, um transtorno complexo   **117**
    Pôr-se em perigo para sentir-se vivo   **123**

6. Depressão e suicídio   **129**
    O confronto com o fracasso   **131**
    Da tentativa isolada ao suicídio de repetição   **137**
    As várias faces da depressão   **143**
    Do bom uso dos medicamentos   **153**

7. Quando a doença intervém   **159**
    Tornar-se proprietário de sua doença   **161**
    Destruir a doença   **165**
    Barbara   **169**

Conclusão provisória   **173**
Agradecimentos   **177**

A Bernadette, finalmente tomei coragem!
Obrigado por ter me permitido
viver meus sonhos.
Obrigado a Michel e Barbara, que se foram.
Tive a sorte de cruzar com vocês na vida.

Preâmbulo

Sou um velho psiquiatra de crianças, um "arqueopsi", costumo dizer. No entanto, pode ser que a idade, tantas vezes considerada uma desvantagem, represente um trunfo nessa profissão tão singular. Por ser sinônimo de tempo, possibilita a experiência, uma experiência feita de encontros, interrogações, dúvidas, erros, progressos, fracassos, novos questionamentos, aprofundamentos, mudanças... e, apesar de tudo, também de alguns sucessos. O tempo passado, as experiências acumuladas autorizam um olhar, uma visão de conjunto – sobre minha vida, sobre minha prática, sobre a evolução da psiquiatria infantil, curiosa especialidade que ainda se encontra em seus primórdios.

Constato, paradoxalmente, que todos esses anos passados tiveram um único fio condutor: a desordem. Desordem da vida, com suas descobertas, suas rupturas, seus lutos, seus imprevistos. Desordem do psiquismo e de seus vaivéns permanentes na tentativa de encontrar um equilíbrio entre suas diferentes instâncias – o isso, o supereu e o eu –, a fim de viver o mais harmoniosamente possível consigo mesmo, mas também com os outros. Num movimento incessante, o jogo psíquico é feito de flexibilidade, de adaptabilidade, de compromissos que possibilitam a antecipação, a projeção no futuro, a negociação interna... Pensamos, sonhamos, elaboramos, escapamos, nos enganamos, reiniciamos, improvisamos e começamos a ter alguma ideia do que somos... Acontece que a perturbação vem paralisar as coisas, ou ao menos enrijecê-las. Diz-se, então, que o jogo psíquico se vê num impasse, como se o sujeito, tendo perdido sua capacidade de adaptação, batesse sempre na mesma parede, reagindo a cada vez de uma única e mesma maneira, com um mesmo sintoma, uma mesma atitude, sem nunca conseguir encontrar outros meios de enfrentar as diferentes situações que se apresentam.

Desde muito jovem me vi confrontado com minha desordem interna. Por diversos motivos, meus pais costumavam me deixar por vários meses em Imperia, na Itália, na casa de minha família materna. Quando Nanin, o patriarca, saía para pescar, e sua mulher, Elvira, ficava entretida com seus afazeres, eu ficava sozinho na casa. Podia, então, entregar-me a uma de minhas ocupações favoritas: fechava as venezianas e jogava contra a parede uma bolinha de borracha, contando incansavelmente as idas e vindas. Passava o tempo tentando bater meus próprios recordes. 253, 318... Será que eu sofria de TOC (transtorno obsessivo compulsivo)? Não, uma vez que esse ritual não atrapalhava a minha vida. De todo modo, nos anos 1950 ainda não se falava de TOC; talvez graças a isso eu tenha escapado de uma carreira de "tocado".

Contudo, os rituais faziam parte da minha vida e, quando não estava jogando bolas na parede, distribuía cuidadosamente os alimentos em duas porções iguais, uma que eu comia e a outra que deixava de lado. Esperta, minha mãe resolveu só me oferecer meia fatia de presunto, mas, trabalho perdido, eu a cortava novamente em dois. O que será que eu buscava por meio dessas atividades repetitivas, bastante características de uma neurose obsessiva precoce? Buscava afastar meus pensamentos, não me deixar invadir por eles. Atirava-os contra a parede antes de reintegrá-los, dando-me o tempo de entender por que eles nasciam em mim e o que tinham para me dizer. Em vez de eliminar a desordem, tentava torná-la minha.

Preâmbulo

Terá sido naquele momento que nasceu uma vocação de que só tomei consciência muitos anos depois? De fato, o psiquiatra não é quem põe ordem no psiquismo: ele ajuda cada paciente a domar sua própria desordem, que é a responsável por toda a sua riqueza e singularidade.

Introdução
Do hospício
à Maison de Solenn

Eu tinha começado a estudar medicina, mais por acaso do que por verdadeira vocação, um pouco como diletante, sem saber para que especialidade iria me orientar quando chegasse a hora. A cirurgia me tentava, mas, depois de algumas experiências como residente, preferi a neurologia e, depois, a neuropsiquiatria. O cérebro e seu funcionamento me pareciam suficientemente complexos para poder dedicar-lhes minha vida.

Quando anunciei ao meu pai que me tornaria psiquiatra, ele disse estas palavras, em dialeto de Toulon carregado de fatalismo: "Sabia que isso ia terminar assim." Tinha a convicção de que eu estava perdido, certamente meio louco eu também. Essa convicção não se devia apenas à sua falta de cultura e de instrução, mas sobretudo ao fato de que, no início dos anos 1960, a psiquiatria era uma disciplina quase subterrânea, pelo menos misteriosa. Os loucos eram encerrados e, consequentemente, os psiquiatras também, trabalhando à sombra de muros que formavam uma fronteira estanque entre o dentro e o fora, e no exterior rumorejavam boatos mais ou menos extravagantes sobre o que devia acontecer no interior. Doentes mentais e psiquiatras eram, então, igualmente invisíveis. E igualmente inquietantes, como eu não tardaria a descobrir.

1965. Primeira experiência como residente num serviço de psiquiatria para adultos. Naquela época, que pode parecer a pré-história, ainda se falava de hospícios, onde eram encerrados aqueles designados pelo termo "loucos". Eles eram colocados todos juntos num salão comum, cuja porta se abria com uma chave enorme que me tinha sido confiada e que eu guardava pendurada na cintura, o que me dava a impressão de ser um carcereiro da Idade Média. Lá havia uma psicótica de 25 anos, ou seja, muito jovem em comparação com os outros pacientes. Todos os dias, ao realizar minha visita, mal eu abria a porta ela corria ao meu encontro gritando "pam pam!", agarrava meu braço e não o largava mais. Passada a primeira surpresa, acostumei-me com essa conduta no mínimo estranha. Pior ainda, às vezes eu também gritava "pam pam!", e o efeito disso era fazer a moça fugir...

Havia também aquela que eu chamava de mulher-pássaro. Por não conseguir voar como sonhava fazer, ela raspava com os dedos-garras a terra do minúsculo pátio para dela extrair vermes imaginários que fingia engolir. Um dia em que o interno me pediu para atualizar os prontuários, encontrei o daquela mulher, que tinha apenas duas páginas. Ela fora recolhida na via pública havia 18 anos, vagueando e delirante, e desde então sobrevivia ali, sem que ninguém pensasse em tentar nada para melhorar seu estado, a não ser a administração de sua dose diária de medicamentos. Quase 20 anos de vida resumidos em menos de duas páginas... E quantos anos ainda por vir, dentro daqueles mesmos muros, sem que seu prontuário se avolumasse, os médicos se limitando a anotar, com uma economia de palavras perturbadora, a constatação de sua patologia incurável?

Outra mulher tinha construído para si uma espécie de cabana com um monte de papelões, embalagens, papéis, que formavam paredes improváveis... Pobre reino sobre o qual ela reinava e que nenhum profissional de saúde nem pensava em contestar! Ela contava para quem quisesse ouvir que fora eleita pelo diabo, que lhe fizera tantos filhos que ela já nem conseguia contar; aliás, via em cada um de nós um sequaz de Satã contra o qual tinha de se precaver. Agressiva com os antigos, sabia mostrar-se amável com os recém-chegados. "Vem para o meu antro", ela dizia, "mas não esquece de pagar o preço do segredo... Um pote de Nescafé." Assim, cada um pagava o dízimo que ela exigia, já que isso a mantinha em relativa tranquilidade.

O hospício era uma sucessão de momentos atordoantes, de imagens inesquecíveis, num mundo entre Goya e Hieronymus Bosch, em que os pacientes, apinhados em salões comuns, entre muros cinzentos, estavam condenados a não esperar nada de ninguém. Uma galeria de personagens perturbadores, cujo sofrimento talvez acabássemos por esquecer.

Mas os profissionais da saúde não eram menos estranhos que os doentes, e também eles eram de surpreender. Durante um plantão noturno, um enfermeiro me aconselhou a ir ao cinema, alegando que não poderia acontecer nada; e não sem motivo: ele amarrava os pacientes uns aos outros com cordas. Um dos chefes de serviço me ensinava a percutir os vasos de gerânio para saber se precisavam ser regados, dando-me a impressão de ter perdido de vista os doentes pelos quais tinha resolvido não poder fazer nada. E também um outro chefe de serviço de um hospital da região de Var pedia que os pacientes saíssem para o pátio a fim de fazer suas visitas a cavalo, como um general passando em revista suas tropas. E havia eu, que já não me espantava de gritar "pam pam!" ao entrar no salão comum...

Tão desligados do mundo quanto os doentes, os profissionais da saúde acabavam adotando comportamentos de que pareciam já não ter consciência. Eu mesmo ficara chocado no começo, mas, depois de um ano e meio naquele regime, nada mais me chocava e eu achava tudo aquilo quase normal. Com a ressalva de que aquela estranheza cotidiana provocava em mim movimentos um tanto excessivos assim que eu transpunha as portas do hospital e retomava contato como o mundo externo. Eu gostava do povão, era um orador de botecos, um discursador exagerado, um torcedor fanático que berrava nas arquibancadas de rugby... Tinha de explodir de vida para me livrar um pouco do peso da morte psíquica que condenava os loucos a sobreviver.

Eletrochoque, pneumoencefalografia, início dos neurolépticos com efeitos colaterais muito pesados, tratamentos com Curéthyl para os alcoolistas, internação dos toxicômanos com os doentes mentais, como se fosse para puni-los por seu "mau comportamento"... Eu não queria reconhecer, mas a psiquiatria me deixava desesperado. Será que não havia outro modo de ajudar todas aquelas pessoas previamente, em vez de esperar que elas se enredassem numa armadilha psíquica da qual dava tanto trabalho ajudá-las a sair? Será que alguém ao menos tentava? Será que não prefeririam tratar os sintomas sem nunca atacar suas causas inconscientes? Todos aqueles doentes pareciam gladiadores que, em vez de manejar o gládio e o escudo, enroscavam-se sozinhos na rede, tornando-se seus próprios inimigos. Na impossibilidade de eliminar as redes, eu sonhava em tornar suas malhas mais frouxas, para que eles pudessem recuperar alguma liberdade de movimento psíquico.

"Eu lhes falo de um tempo que os menores de 20 anos não podem conhecer..." Também a canção* é de outra época, e é melhor que assim seja. Que os menores de 20 anos em dificuldade psíquica jamais conheçam o abandono, a resignação, o fatalismo, o encerramento, o isolamento, tudo o que constituía a psiquiatria de meus primeiros anos. Que tenham direito à consideração, ao respeito, à empatia, à abertura. E, sobretudo, à esperança.

Esta começou a renascer pouco depois de minhas primeiras experiências, quando, sem saber, eu estava vivendo os últimos momentos do hospício à antiga. Quase por toda parte no mundo, psiquiatras se empenhavam em fazer as coisas mudarem, em repensar o tratamento. Na Itália, em 1960, Franco Basaglia criou as primeiras comunidades terapêuticas e defendia os direitos dos doentes psíquicos; foi, portanto, quem deu origem à Lei 180, chamada lei Basaglia, que promulgou o fechamento dos hospitais psiquiátricos e a organização de redes de

---

* Trecho da canção "La Bohème", de Charles Aznavour. [N. da T.]

atendimento no centro das cidades. Em 1967, o sul-africano David Cooper publicou *Psiquiatria e antipsiquiatria*, inventando, com Ronald Laing, uma corrente de pensamento que provocaria muita agitação. No entender deles, as causas da doença mental são sobretudo psicossociais, sendo que a loucura serve de refúgio para o indivíduo diante de uma situação social insuportável; o tratamento exclui toda coerção e os pacientes se tornam responsáveis por ele, com o apoio dos profissionais, cuja escuta é primordial. Em 1969, a psicanalista Maud Mannoni criou a escola de Bonneuil-sur-Marne, lugar de vida e estrutura experimental para acolher crianças e adolescentes autistas, psicóticos e deficientes mentais. Em 1972, Gilles Deleuze e Félix Guattari assinavam *O antiédipo*...

A antipsiquiatria sem dúvida provocou um verdadeiro questionamento da abordagem psiquiátrica dos distúrbios. Deu origem a alguns excessos, iniciativas malucas, mas também a sucessos inegáveis. Graças a ela, as coisas nunca mais foram como eram no mundo da psiquiatria. O sujeito já não era abandonado ao seu distúrbio, ele finalmente era considerado, respeitado.

Na época, eu trabalhava num serviço de pediatria, sob a direção de René Bernard, que me deu carta-branca para tratar como eu entendesse. Eu não era chefe de serviço, mas já pensava no que poderia ser um hospital quase ideal e, interessado em todas as experiências feitas aqui e ali, tentava aplicá-las. Como nem sempre podia fazê-lo, guardava-as num canto da memória para, talvez, inspirar-me nelas no momento oportuno.

Em função de minhas viagens profissionais, alguns estabelecimentos que conheci deixaram marcas. Em primeiro lugar, o hospital Kremlin-Bicêtre, nos anos 1970, dirigido pelo prof. Daniel Alagile, que se inspirava muito nos modelos americano, canadense e do norte da Europa. Foi um dos primeiros a criar um serviço para adolescentes e um espaço pais-filhos a fim de favorecer o encontro com as famílias. Também teve a boa ideia de escrever na entrada do serviço não o nome de seu chefe, mas o de sua assistente, porque, mais presente, ela era mais útil para o visitante. Isso pode parecer um detalhe, mas mostrava que num hospital não existem papéis secundários: trata-se sempre de um trabalho em equipe na qual cada um é indispensável no seu lugar.

Houve, em seguida, o hospital público Sainte-Justine, em Montreal, onde cada criança recebia um caderno no qual podia escrever ou desenhar sua doença, inspirando-se no modelo sueco de Ivoni Linquist e sua ludoterapia: o jogo era considerado um tratamento em si e, para dominar sua doença, a criança era convidada a operar um urso de pelúcia...

Em Nova York, no hospital Bellevue, fiquei impressionado com o atendimento aos adolescentes que tinham tentado suicídio. Na alta, era marcada uma consulta para oito dias depois, com o médico de referência. Se o adolescente não comparecesse, este lhe telefonava. Se não conseguisse encontrá-lo, mandava uma equipe ao local. Haverá melhor prevenção da recidiva do que essa medicina de intervenção em domicílio? Aliás, os números eram eloquentes: 50% de recidivas a menos.

Ainda nos Estados Unidos, o Children Hospital de Washington compunha-se de um grande edifício de arquitetura inovadora, de forma redonda, com um espaço no centro. Este não era vazio, era ocupado por um centro comercial com livraria, farmácia, lojas de roupa, de brinquedos, de material de informática, por onde as pessoas circulavam livremente. No Natal, erguiam ali um imenso pinheiro coberto de enfeites... Assim, a vida era como que incluída no interior do hospital, em vez de estar sempre fora, distante e inacessível. Ali, estava no coração do estabelecimento, que ela fazia bater no seu ritmo.

Mais exótico era o hospital de Hanói, completamente devastado, onde assisti a uma cena que nunca mais esquecerei: um homem ficava num corredor, de cócoras ao lado de uma grande bacia de arroz, que ele distribuía aos punhados para as crianças internadas. Ora elas comiam em silêncio, ora falavam, riam, se insultavam, mostrando que, apesar de sua patologia, conseguiam sentir prazer em estar juntas, tinham conservado capacidades de contato que finalmente lhes era dada a possibilidade de exprimir. A pessoa que as alimentava e visivelmente as ajudava a sair de sua letargia e de sua inibição não era um profissional, mas o pai de uma delas, que vinha dividir seu parco alimento com os mais pobres que ele.

Por fim, há o Centro hospitalar de Saint-Denis, na ilha de La Réunion, no serviço de meu amigo Jean-Claude Combes, que tinha trabalhado em Montreal com Wilkins, um dos grandes pioneiros da medicina de adolescentes no Canadá. Certa manhã eu o acompanhava em suas visitas e ele quis ver especialmente uma criança de quem lhe tinham falado, porque ela estava particularmente mal. O garoto não estava no seu quarto, mas na aula de desenho. "A que horas ele estará livre para que eu o encontre?", perguntou o médico, oferecendo um modelo absoluto de disponibilidade: deixava os pacientes realizarem suas diversas atividades, consciente de que eram essenciais para a melhora do seu estado, tanto quanto suas entrevistas com eles. Estávamos muito longe da visita teatral dos professores de psiquiatria antigos, convencidos de que os pacientes tinham de se submeter a seu tempo, e não o contrário. Em Saint-Denis, a ideia fundamental era que o doente não é posse do médico, e que é indispensável haver entre eles uma relação de respeito mútuo.

Todos esses exemplos me marcaram o suficiente para que, de uma forma ou outra, vestígios deles sejam encontrados na Maison de Solenn. Os hospícios pareciam ser a representação arquitetônica da psicose, o doente encerrado entre paredes assim como estava encerrado em seu delírio, que recriava um mundo à parte. Estava amurado, psíquica e fisicamente, o hospital tornando-se uma espécie de sarcófago. Em contraposição, a Maison de Solenn investiu constantemente na abertura, e as paredes foram substituídas por vidraças, o que não agradou a todo o mundo.

Houve quem dissesse que isso equivalia a entregar os pacientes ao deleite dos olhares externos. Claro que esses detratores alegam defender os interesses dos pacientes e falam em seu nome, pobres adolescentes que são obrigados a se exibir ao passo que querem se esconder e se encolher em seu sofrimento... Contudo, nenhum dos interessados nunca reclamou das

vidraças que os ligam à cidade ao redor, dando-lhes a sensação de que a vida está ao alcance da mão e continua, com eles. O único comentário que escutei foi o de uma anoréxica que um dia disse: "A gente se reflete bastante aqui...
– Isso te incomoda?
– Não, de qualquer modo, eu não me olho."
Mostrar-se, ser visto, é bem menos grave do que ficar isolado, se esconder, principalmente na adolescência, em que a extroversão é neuroticamente menos inquietante que a inibição, o retraimento. Perceber reflexos de si pode ser um meio de apreender novamente uma corporalidade que a própria pessoa já não vê. As anoréxicas, que não se veem, habitualmente se dissimulam sob várias camadas de roupa: o desregramento fisiológico provocado pelo distúrbio faz com que frequentemente sintam frio, e desse modo levam os que estão à sua volta a acreditar que elas não estão tão magras assim. Por vezes estão em tal estado de caquexia que essa dissimulação pode servir a todos: permite não olhar aquele corpo esquelético e conservar uma imagem diferente dele, a de antes da doença. É por isso que, quando elas aceitam se mostrar, considero que seja um progresso. Outro dia, duas delas participaram de uma visita ao Louvre e saíram com sua sonda. Ousaram enfrentar os olhares, sem o intermediário das vidraças.

Por fim, nas críticas à transparência da Maison de Solenn, exprimia-se mais o medo das pessoas saudáveis: o que elas menos querem é ver aqueles que estão em sofrimento psíquico e que lhes lembram que ninguém está totalmente protegido disso. São as mesmas pessoas que comemoram o fechamento dos manicômios... contanto que o hospital psiquiátrico permaneça discreto, por trás de paredes grossas e estanques, fechado sobre si mesmo. Será que são tão assertivas e cortantes em suas críticas por temerem o contágio?

Nossa sociedade se pretende campeã da tolerância. Exige-se que cada um aceite e respeite o outro, do jeito que ele é, com suas diferenças. Negro, branco, magrebino, magro, gordo, homo ou heterossexual, deficiente físico ou mental, todos iguais, todos semelhantes, todos com os mesmos direitos... Já não se tolera nenhuma discriminação, e isso deve ser comemorado. Por que os doentes psíquicos continuam sendo os únicos a ainda serem ostracizados? Por que acrescentar desespero, incompreensão, inquietação, vergonha, isolamento, solidão a situações já dolorosas? Os doentes psíquicos, minoria silenciosa totalmente à mercê de seu mal-estar, não teriam outro direito senão o de se calar. O enclausuramento agrava porque acentua a fratura entre os outros e si mesmo. Os adolescentes internados precisam de proteção, mas esta não deve ser sinônimo de exclusão, e os vínculos com o mundo externo devem ser mantidos sempre.

Considero essencial que o hospital esteja aberto para a cidade. Que haja constantemente idas e vindas entre o dentro e o fora. Gosto de que os pacientes possam ir ao cinema, visitar exposições, fazer cursos fora. Agrada-me que os adolescentes dos colégios vizinhos venham sentar nos degraus da Maison de Solenn para tomar sua Coca-cola, que possam entrar, visitar as exposições no saguão, que convivam com os doentes sem saber que são doentes e nem se voltem para olhar as anoréxicas que passeiam com sua sonda. E, se, de vez em quando, eles são meio barulhentos e se, de noite, o local fica cheio de latinhas e de restos de seu piquenique, paciência. Mais desordem. Mais vida. Essa é uma geração que talvez tenha menos medo dos distúrbios psíquicos do que as anteriores, que já não sentirá a tentação de estigmatizar os doentes.

Devemos comemorar a verba de que dispõe a Maison de Solenn e desejar que todos os serviços para adolescentes recebam o mesmo. Isso permite oferecer aos doentes um edifício bonito, amplo, iluminado, limpo, moderno, com quartos e banheiros individuais que, durante o período de internação, torna-se a propriedade de cada um, um espaço próprio que cada um pode decorar como quiser para se sentir bem.

Curiosamente, embora muitos dos jovens estejam aqui por distúrbios de comportamento, com o que isso supõe de agressividade, destrutividade, ataques ao entorno, não ocorre degradação dos locais, quer sejam os quartos, as salas de aula, de reunião ou de cuidados culturais. Os quartos muitas vezes estão em desordem, o que é antes um bom sinal, mas danificados, nunca. Claro que há agressividade, incompreensões, hostilidade às vezes, mas ninguém teve comportamentos violentos.

Será mero acaso? Não, a beleza também trata. É uma marca de respeito, equivalente ao que lhes demonstra a equipe de cuidadores, formada por jovens, todos voluntários e, além disso, motivados, que se revezam para garantir os plantões diurnos e noturnos, para fornecer uma continuidade dos cuidados e da relação.

Quando se fala de *serviço hospitalar*, é preciso pensar no que isso significa. Inclui a noção de serviço – estar a serviço dos doentes que são atendidos – e a noção de hospitalidade. Deve ser um local acolhedor, onde nos colocamos à disposição dos adolescentes para lhes dar as melhores possibilidades de superar os distúrbios que os freiam na sua conquista de autonomia psíquica.

Desse ponto de vista, a Maison de Solenn é um sonho de psiquiatra infantil.

1. Nem diagnóstico, nem prognóstico

Sou daqueles que acha que, por maiores que sejam as dificuldades, nada nunca é definitivo, porque a vida oferece a cada um possibilidades de remanejamento e de apaziguamento. Contudo, com relação à infância, a adolescência representa uma segunda chance de desatar os conflitos internos. Ela poderia ser comparada às sessões de recuperação de setembro, tal como existiam antigamente para o *baccalauréat**. Isso não significa que, em caso de fracasso, já não haja perspectiva de futuro, mas os desafios se tornam mais agudos e, ao longo da vida, haverá poucos períodos que ofereçam tantas possibilidades de bifurcação. No final da adolescência, o sujeito deve poder se posicionar como jovem adulto autônomo, capaz de fazer e de assumir escolhas profissionais, amorosas, sociais (um pouco) duradouras.

É justamente porque essa travessia de um entre-duas-idades ainda está aberta a todos os possíveis que o psiquiatra não deve correr o risco de aprisionar o sujeito num diagnóstico que poderia lhe servir de identidade e que inevitavelmente mudaria as perspectivas de futuro.

....

* Nova oportunidade de realizar o exame para os alunos que, por razões de força maior, não puderam realizá-lo em junho. [N. da T.]

A auscultação psicológica

O diletantismo sob cujo signo inscreveram-se meus primeiros anos de estudante de medicina começou a ser suplantado no momento da residência. Esta permite um verdadeiro contato com o hospital; foi uma revelação para mim porque algo se impôs como evidência: eu tinha um imenso prazer em encontrar os doentes.

O encontro, contudo, era um pouco oblíquo, porque o residente está ali para observar, aprender, só tem acesso aos doentes num plano técnico, a fim de executar cuidados precisos. Minhas tarefas consistiam essencialmente em tirar sangue e instalar perfusões. Gestos simples, que no entanto me pareciam importantes na época, pois me conferiam um sentimento de poder ao qual se misturava medo. Absorvido pela preocupação de levar minha missão a bom termo, às vezes mal olhava para o doente, reduzido, então, a um braço, a uma rede de veias. Dessa constatação nascia o incômodo. Os cuidados que eu tinha autorização para executar, sempre parciais, davam-me uma visão fragmentada do paciente; eu tendia a ser um jovem médico com função mais de socorrista, mas eu me contentava com isso. Brincava de doutor mais do que o era, sem dúvida como outros, no começo da carreira, brincam de professor ou de piloto de avião com a mesma seriedade de uma criança empenhada em imitar os gestos dos adultos cuja profissão a faz devanear e lhe permite imaginar um futuro.

Aquele tempo de aprendizagem era também um tempo de observação dos mais velhos. Todas as manhãs, assistíamos às visitas que o professor fazia aos doentes. Entre nós ele era chamado de "patrão" e o tratávamos de "senhor". Os dois termos exprimiam respeito e admiração.

A visita era um momento teatral que o patrão orquestrava com maestria. Era o primeiro a entrar, seguido de uma coorte formada pelo chefe de clínica, os médicos do hospital, os internos e enfermeiras. Uma trazia a "sua" cadeira, outra se encarregava de guardanapos brancos engomados e de um vidro de álcool de lavanda, para que ele pudesse lavar as mãos antes e depois de examinar o doente.

O professor parecia ter não só os conhecimentos, mas também toda a experiência que faltava a nós, os internos. Ele parecia seguro de si, infalível. Um dia, enquanto auscultava, um desses patrões virou-se para mim e perguntou: "Polineurite. Rufo, descreva-a em duas palavras."

Concentrei-me antes de dizer:

"É uma paralisia dos membros inferiores, muitas vezes ligada ao alcoolismo...

– Não, eu disse duas palavras!

– ...

– Sensitivo-motora."

Duas palavras bastavam para caracterizar aquela patologia. Duas palavras que o professor proferiu à maneira de um oráculo, dando-nos a plena medida de nossa incompetência. Embora estivesse sentado em sua cadeira, enquanto nos mantínhamos em pé à sua volta, ele nos dominava com sua mestria e sua segurança.

Para mim, os professores daquela época tinham um lado inacessível. Parecia-me impossível algum dia igualar-me a eles, conseguir aliar suas competências a seu humanismo. Pois, mais do que o seu saber, o que me fascinava era a benevolência e o respeito que demonstravam pelos doentes. Aqueles patrões ainda eram médicos no sentido nobre do termo: dedicavam tempo a cada paciente, para auscultá-lo, mas também para escutá-lo, estabelecer um contato com ele e não abandoná-lo à sua doença.

Um deles contava em sua equipe com um chefe clínico particularmente moderno que gostava de usar a radioscopia e jurava que ela era indispensável para o diagnóstico. O professor dava de ombros diante do que ele considerava um erro de juventude e retrucava que só o exame clínico importa. Diante de um doente com pericardite[1], bastava percutir o tórax para saber se o perímetro do coração tinha aumentado. Não havia nenhuma necessidade de radiografia.

Um outro, neurologista, com a ajuda de um martelo de reflexo e de um alfinete de segurança que passava na planta dos pés dos pacientes para testar sua sensibilidade, conseguia localizar uma lesão cerebral com precisão. Sem IRM.

Para estabelecer seu diagnóstico, os professores de medicina da época dispunham de ferramentas particularmente eficazes: seus dedos para auscultar e seus ouvidos para escutar o que o paciente tinha a dizer. Esse conhecimento prático tão precioso tornou-se em parte inútil hoje em dia. A paraclínica veio ocupar o lugar da clínica. Radiografia, tomografia, IRM... já não é preciso auscultar pessoalmente, a técnica se encarregará disso.

Prioridade à clínica

Tudo isso pode parecer muito distante da psiquiatria. Mas é apenas aparentemente... O aprendizado ao lado de grandes "patrões" de medicina, independentemente, aliás, de sua especialidade, marcou-me profundamente. Depois de me tornar psiquiatra, e apesar dos anos que passaram, continuo convencido da supremacia da clínica sobre a paraclínica. A entrevista

....
1. Inflamação do pericárdio, que é uma espécie de bolsa fibrosserosa que envolve o coração.

com o paciente, o sentimento que esse contato faz brotar em mim, as associações que acarreta frequentemente dizem muito mais do que os testes, exames e avaliações de todo tipo. Estes, ao menos, não substituem aqueles. Os testes quantificáveis nem sempre são inúteis, longe disso, muitas vezes permitem refinar um diagnóstico, mas, ao mesmo tempo, há o risco de nos afastar dos pacientes, de nos distanciar da relação. Ora, escutar a história íntima de alguém é quase como percutir um fundo de saco pleural para detectar uma pleurisia. A escuta e a atenção para detectar o sinal clínico são indispensáveis, insubstituíveis. Quanto mais avanço, mais me aproximo daqueles professores de outros tempos; mais acredito na virtude do colóquio singular entre o psiquiatra e o paciente. O cardiologista que colocava um pano branco engomado sobre um tórax não está tão longe do psiquiatra que sou hoje. Ele escutava o coração para identificar eventuais disfunções e encontrar os meios de ajudá-lo a bater normalmente; eu escuto a aflição de meus pacientes para tentar compreendê-la e ajudá-los a transformá-la para que se torne força e desenhe um futuro.

Em psiquiatria, mais ainda que em medicina, a escuta é primordial. Winnicott foi um dos primeiros a apontar a diferença essencial entre um pediatra e um psiquiatra infantil. Explicava que um pediatra deve encontrar um sintoma, e até um acúmulo de sintomas que vão formar uma síndrome, isso lhe permitirá formular o diagnóstico e determinar um tratamento apropriado. Diante de uma criança que tosse, por exemplo, vai verificar se ela tem febre, gânglios, alguma irritação da garganta... para saber se se trata de uma bronquite ou de uma angina. O psiquiatra infantil, por sua vez, não deve se interessar pelo sintoma como tal, mas pelo que está por trás dele e que o sujeito está tentando expressar.

Apesar disso, já me aconteceu de me confundir.

Trabalhei por muitos anos com Institutos Médico-Educativos (IME*) que tratam de crianças com psicoses deficitárias,

────────

* Instituições voltadas para a educação e socialização adaptada a crianças e adolescentes com deficiência mental. [N. da T.]

com déficits intelectuais mais ou menos profundos. Ia, portanto, a Barjols uma vez por semana para atender essas crianças e supervisionar o trabalho de Anne, a psicóloga que, mais tarde, assumiria a direção do estabelecimento. Certa noite, Manou, a diretora, me pediu, já que sou pediatra, para examinar uma criança que estava com tosse. Já passava das 20 horas e ela não queria incomodar o médico da instituição. Pego um tanto desprevenido, auscultei o garoto e, foi mais forte que eu, dei uma de astuto todo imbuído de sua ciência: "Abolição do murmúrio vesicular. Ele sem dúvida engoliu um corpo estranho..." Manou concluiu que era preciso fazer uma radiografia e levou a criança para Brignoles, pedindo-me para esperar até voltarem. Mas a radiografia não encontrou nada, invalidando meu diagnóstico. "Desculpe-me", disse então a diretora, "o senhor não notou que o irmão desse menino também está com tosse? Acho que ele está tossindo para imitá-lo... Aliás, algum tempo atrás, passou por um breve período de encoprese, exatamente como o irmão um pouco antes."

Essa história mostra que eu ainda não tinha entendido nada! Bancava o médico quando deveria ter bancado o psiquiatra, ou seja, não me ater apenas aos sintomas, mas tentar compreender o que eles significavam. Em vez disso, agarrei-me aos sintomas para me proteger, disfarçar minha incerteza e meu medo de não saber.

Em contrapartida, há alguns meses, atendi um adolescente fóbico que não parava de tossir. Logo pensei tratar-se da expressão somática de uma ansiedade importante, de uma dúvida, de uma fragilidade..., até que um exame médico veio revelar uma alergia a pólen! Prova de que o psiquiatra não deve psiquiatrizar tudo e não pode fazer nada sozinho – voltaremos a isso.

A distinção estabelecida por Winnicott parece ainda mais essencial em nossa época, quando alguns defendem que o sujeito se reduz a seus sintomas. As classificações internacionais, como o famoso DSM-IV, nova bíblia de que todo estudante de psiquiatria deve se impregnar, preconizam identificar diversos sintomas que, somados, bastariam para estabelecer um diagnóstico indiscutível. Essas classificações e a profusão de testes paraclínicos tendem a afirmar que a psiquiatria seria uma ciência exata. Afirmação que dispensa indagar sobre o sentido que o sintoma pode ter para um determinado adolescente num momento particular de sua vida, e que, como se nada fosse, protege o médico do medo. Mas trata-se aí de um pensamento que já vem pronto* e que não deixa de ter consequências sobre a pertinência dos tratamentos.

Quando o pensamento que já vem pronto acarreta um cuidado que já vem pronto

Vejamos três adolescentes: Éléonore, 18 anos, pesa 26 quilos e se acha imensamente gorda. Marion, 15 anos, pesa 32 quilos. Antoine, 14 anos, se recusa a comer há seis meses. Não é preciso ser adivinho para dizer que esses três adolescentes sofrem de anorexia. O diagnóstico se impõe, mas para que ele serve se eu nada sei da trajetória de cada um deles?

Como muitos, Éléonore começou a fazer um regime por volta dos 14 anos. Mas, depois de perder os três quilos que a incomodavam, achou que não era suficiente, podia emagrecer mais... Logo houve um emagrecimento intenso, exigindo uma primeira hospitalização. Esta possibilitou uma recuperação de peso, mas foi seguida de uma recaída que acarretou uma segunda internação. Atualmente Éléonore alterna episódios anoréxicos, durante os quais tem dificuldade até de beber, e episódios bulímicos, em que se empanturra literalmente, até que o asco e a vergonha de si própria a levem a provocar o vômito, como se fosse para apagar a crise e, sobretudo, não engordar um grama. Oscila, assim, entre sentimento de onipotência e depressão, numa espécie de ciclo repetitivo do qual não consegue sair, agarra-se à mãe, com quem tem uma relação muito fusional, e rejeita violentamente o pai, cujo olhar ela não suporta.

. . . .

* Em francês, *prêt-à-penser*, por analogia a *prêt-à-porter*, literalmente "pronto para vestir". [N. da T.]

Marion começou a emagrecer sem motivo aparente há apenas alguns meses. Não tinha fome, levava horas para engolir qualquer bocadinho. Seus pais, recentemente separados, pensaram primeiro numa doença orgânica, até perceberem que, quando a filha finalmente se alimentava um pouco, provocava o vômito ou tomava laxantes, mas continuava dizendo que estava tudo bem e que não estava doente. Marion tem um apego intenso ao pai e à mãe e logo se entende que ela não suportou a separação deles; aliás, foi pouco depois disso que o distúrbio alimentar apareceu, mas nem ela nem os pais relacionaram uma coisa com a outra. Ora, Marion, apesar da idade, permanece no pensamento mágico das crianças, convencidas de que podem tudo: por meio da doença, tentou lutar a seu modo contra a ruptura, reforçando o casal parental que se reencontra em torno dela numa mesma preocupação e mesma inquietação. Claro que isso não basta para explicar sua doença, mas é um elemento que deve ser levado em conta.

Quanto a Antoine, ficaremos sabendo que seu pai, padecendo de um câncer incurável, é submetido a tratamentos pesados, radioterapia e quimioterapia, e perdeu muito peso. A magreza de Antoine remete à caquexia do pai: graças à anorexia, o filho encontra um meio de se identificar com o pai doente.

Imagina-se então que não é possível tratar esses três adolescentes da mesma maneira. É necessário um acompanhamento psicoterápico, mas o resto do tratamento será sensivelmente diferente para cada um. No caso de Marion, não deve haver internação imediata. Para Éléonore, cujo pouco peso representa um risco vital, uma internação com alimentação por sonda, e também para Antoine, que talvez precise, ademais, de um tratamento medicamentoso para ajudá-lo a superar o episódio depressivo que o afasta não só das outras pessoas mas também de si mesmo, e o dessocializa cada dia um pouco mais. Isso, contudo, não foi necessário, pois o garoto abandonou seu sintoma anoréxico pouco depois da morte do pai.

Não se deve confiar muito nos diagnósticos. Transtornos alimentares, depressividade, hiperatividade, fobia escolar, estado-limite... Claro que isso aponta uma direção, mas, dentro de cada categoria, temos apenas casos particulares. A teoria, as características de cada distúrbio, as causas inconscientes que estão por trás de cada um não bastam para tratar. Portanto, não se pode empreender um combate geral contra esta ou aquela patologia; o que se faz é acompanhar vários combates singulares.

É preciso tempo para formular um diagnóstico

Atendi recentemente um rapaz de 17 anos acompanhado dos pais. É taciturno, fechado, largado na cadeira, como se não tivesse energia suficiente para se manter ereto, parecendo à beira do esgotamento. Veste roupas amassadas, estragadas, os cabelos estão sujos, mas percebe-se que não se trata de uma busca adolescente de se singularizar pelo *look*, e ele dá a impressão de ter acabado de sair da cama, da qual adivinha-se que foi difícil se arrancar, enfiando as primeiras roupas que apareceram pela frente sem passar pelo banheiro. Quando lhe pergunto por que veio me procurar, responde que foram os pais que insistiram, mas, embora se perceba uma agressividade subjacente em suas palavras, o que mais impressiona é sua voz átona, como se falar fosse um esforço que o cansa. Em seguida, mal responde às nossas perguntas (naquele dia, havia um psicólogo presente na consulta), parecendo alternadamente indiferente e em sofrimento... Os pais confirmam o retraimento, o desinvestimento de suas atividades, o cansaço permanente e as queixas somáticas. Mas não é só isso. "Desde 26 de setembro ele não vai à escola", diz finalmente a mãe. E estamos em março...

Fobia escolar? Depressão de tipo melancólico? Terá a primeira provocado a segunda ou vice-versa? Fabien continua mudo, fechado em si mesmo, como se tudo aquilo de fato não lhe dissesse respeito. Seja qual for o diagnóstico, o tratamento vai se desenhando: internação, ensino a distância, psicoterapia e antidepressivos, se for o caso...

Contudo, pedimos que os pais saíssem. "Eles não falam coisa com coisa, eu quero voltar para o colégio", declara imediatamente Fabien. Como meu primeiro diagnóstico pendia para uma fobia escolar, penso que está se defendendo, negando seu problema, recusando-se a reconhecer sua impossibilidade significativa de transpor as portas do colégio. Decido, no entanto, entrar no jogo dele: "Pois, então, você deve voltar..." Mas a resposta explode: "Não, não quero."

Ou esse garoto é fóbico e está tentando esconder isso, como se tivesse vergonha, ou é louco. Em todo caso, é isso que lhe dou a entender, sublinhando a incoerência do que diz. Mas, não, Fabien não é incoerente. Como se saísse de repente do torpor, endireita-se na cadeira para nos contar: ele queria mudar de área de concentração, mas tanto os pais como os professores não deixaram, argumentando que devia seguir um curso voltado para as exatas a fim de ter melhores perspectivas de futuro. Essa mudança de área de concentração foi objeto de muitas discussões, frequentemente turbulentas, durante as quais Fabien não conseguiu se fazer escutar. Pais e professores decidiram em lugar dele o que era melhor para ele, e a única solução que encontrou para se opor foi encerrar-se numa atitude de recusa da vida escolar, que se tornou uma espécie de armadilha: privando-se de prosseguir estudos que, por outro lado, lhe interessam, Fabien se priva de uma parte de si mesmo, mas também de seus colegas, e cai pouco a pouco num episódio depressivo para o qual não vê saída.

Assim, muitas vezes o sintoma não passa de uma aparência, e é preciso ficar atento, pois pode enganar. A depressão é reativa ou se inscreve num transtorno bipolar? A fobia escolar é expressão de uma neurose ou de um distúrbio da personalidade?... O próprio Freud escrevia: "É bastante difícil construir uma opinião exata de um caso de neurose antes de tê-lo submetido a uma análise profunda [...]. Contudo, é antes mesmo de conhecer em detalhes esse caso que nos vemos obrigados a estabelecer um diagnóstico e determinar o tratamento."[2] Ele chegava até a dizer que, às vezes, é só no fim do tratamento analítico que se pode conhecer o diagnóstico exato. Falava, então, de "exploração analítica", uma noção que hoje encontramos nas chamadas entrevistas preliminares, que correspondem ao começo do atendimento. Em seu procedimento, o psiquiatra deve manter-se próximo do psicanalista. Para ter uma ideia da patologia com que está confrontado, dispõe de uma arma: a fala e a escuta.

Formular um diagnóstico com segurança é algo que demanda tempo. Não é um tempo perdido, mas um tempo de avaliação e de observação, que não é incompatível com a instalação do tratamento. Pelo contrário, durante esse período tudo vai ser posto em operação para ajudar o adolescente a sair dessa passagem difícil. Por vezes será um tempo de desordem, em que talvez se cuide excessivamente, mas sempre com a ideia de que talvez o distúrbio seja apenas passageiro. Ao passo que o diagnóstico imediato, por sua vez, acarreta a ordem, o exagero da especialização, a padronização do tratamento, a rigidez às vezes, o que sempre ocorre em detrimento do sujeito.

Labilidade do humor... e dos sintomas

Sandrine, 16 anos, sofre há pouco tempo de uma angústia difusa e paralisante. Entre outras dificuldades, custa-lhe cada vez mais ir ao colégio. Quando a vejo pela primeira vez, está triste, inibida, ansiosa; a mãe, que a acompanha, está bastante inquieta e tem-se a impressão de que a ansiedade de uma potencializa a ansiedade da outra. A de Sandrine apareceu na volta de uma viagem de estudo de campo com sua classe. De-

---

2. *La Technique psychanalytique*, PUF, 1975.

ve-se dizer que, durante sua ausência, seu irmão, dezoito meses mais novo, foi vítima de um acidente que ninguém sabe se não foi resultado de uma tentativa de suicídio. Seu estado foi considerado crítico, mas os professores não permitiram que Sandrine abandonasse o grupo para ficar à cabeceira do irmão. Desde então, ela se sente invadida por um medo que não consegue explicar, mas que faz eco ao temor que teve de perder o irmão, de quem é tão próxima que quase o considera gêmeo.

Sua ansiedade e os comportamentos que ela acarreta, particularmente em relação ao colégio, evocam uma fobia escolar, mas também podem ser sintoma de uma depressão. Prefiro, contudo, reservar meu diagnóstico, aconselhando a mãe a não forçar nada e por ora incentivar a filha a dar prosseguimento à vida escolar em casa, pedindo que as colegas lhe passassem a matéria e recorrendo, se necessário, a um aluno disposto a ajudar. Marcamos um retorno três semanas depois para ver como estão as coisas.

No dia combinado, Sandrine vem, sempre em companhia da mãe, e logo me chama a atenção o sorriso dela – que, para mim, é sempre sinal de melhora. Já não está naquele retraimento medroso, parece menos preocupada... É tão grande a diferença entre a Sandrine da primeira consulta e a Sandrine desse dia que comento com a mãe: "Parece até que a senhora me trouxe uma irmã gêmea..."

Poderíamos multiplicar os exemplos que, como essa história, demonstram que nada nunca é definitivo, sobretudo na adolescência.

Muito se escreveu sobre esse período, apresentado como uma "crise" que agora parece inevitável. Vejo-o, antes, como uma sucessão de choques que vêm abalar o sujeito, favorecendo atitudes um pouco extremas, com sintomas que o são igualmente.

Tudo começa com um choque sociológico: a entrada na 5.ª série, a multiplicação dos professores, o convívio com alunos mais velhos com quem os jovens se misturam no recreio, ou seja, o confronto com a selva social que é preciso domar para nela encontrar um lugar. Sobrevém em seguida um choque biológico, o da puberdade: as transformações, primeiro físicas, provocam por sua vez profundas transformações psíquicas. Finalmente, há o choque afetivo, o da primeira história de amor, primeiro encontro íntimo, com a possibilidade de uma sexualidade ativa.

Todos esses choques fazem com que a adolescência se caracterize por uma grande vulnerabilidade e constitua um terreno propício para o aparecimento de diversos distúrbios psicológicos. Alguns evocam dificuldades enfrentadas na infância, o que não implica *a contrario* que primeiros anos serenos desemboquem numa adolescência adaptada. Outros, ao contrário, podem se revelar por intermédio da puberdade, sem que nenhum sinal anunciador tenha sido observado. Para os que duvidam disso, sublinhemos que não existe nem trajetória linear, nem fatalidade. A equação "impaciente aos 3 anos, delinquente aos 12" não funciona e é demonstrável. O psiquismo é mais complexo, mais misterioso, e a vida, mais rica em oportunidades de reparação.

Se a fragilidade é real, ela não deve ocultar o elã, a energia, o entusiasmo próprios dessa idade de conquista, de si e do mundo. E a outra característica essencial da adolescência é a labilidade. Nunca nada é fixo, cristalizado; tudo está sempre em movimento, os humores, as vontades, os interesses, tanto as predileções como as rejeições. O adolescente ama, adora, detesta com a mesma empolgação, e a tepidez não faz parte de seu vocabulário. É o tempo da experimentação em todos os sentidos, do melhor ao pior. Dividido entre fragilidade e ímpeto, o adolescente oscila o tempo todo. E seus comportamentos também, às vezes tão exagerados que evocam os possíveis sintomas de um distúrbio. Mas é preciso tomar o cuidado de não rotulá-lo rápido demais, pois ele está numa busca permanente de identidade, sendo sua única certeza: "Já não posso ser quem eu era; mas não sei o que vou me tornar." Ele se dissimula, então, por trás das identidades emprestadas (amigos, ídolos...). O distúrbio também lhe oferece uma, e cabe a nós não aprisioná-lo nela nem reduzi-lo à sua patologia.

Quando o diagnóstico dá medo

Um jovem, muito bonito, muito elegante, queixa-se de que instalaram um aparelho na sua cabeça; por ali, diz ele, é que lhe transmitem ordens e lhe ditam seus pensamentos.

Para minha grande surpresa, o médico interno põe-se a lhe apalpar o crânio e descobre, na zona onde supostamente se encontra o misterioso aparelho, uma bolinha que lembra um quisto sebáceo. Portanto, anuncia ao paciente que será preciso retirá-lo, para ver do que se trata.

Operado o quisto, o jovem fica maravilhado: uma vez que lhe retiraram o aparelho que parasitava sua vida, já não ouve vozes e ele agradece o interno, que vê como seu salvador. Alguns dias depois, contudo, durante a visita, ele o recebe agitado e agressivo: "Você o enfiou ainda mais fundo, do outro lado."

A história remonta a minhas primeiras experiências de residente e corresponde aos últimos estertores de uma psiquiatria que, assim esperamos, desapareceu por completo. O médico interno confundia levianamente histeria e delírio, como se o delírio pudesse ser resolvido pela ablação de um quisto sebáceo, como se pudesse ser psicossomático em certo sentido. Com o passar do tempo, pergunto-me se a atitude do interno não se devia mais ao medo do que à incompetência. O medo existe, de fato, inevitável, paralisante. Durante a época de residência, escapamos dele porque ficamos longe dos doentes, mas chega o dia em que nos encontramos na linha de frente e é preciso se esforçar para mascarar o medo adotando um ar de segurança.

Alguns diagnósticos despertam mais medo do que outros. É o caso da esquizofrenia, uma das patologias mentais mais graves e mais invalidantes, porque ela representa uma dissociação da personalidade, do eu. Sobre um fundo de angústia intensa, o delírio e as alucinações são seus sintomas mais evidentes. Cada vez mais afastado do mundo tal como ele é, o adolescente reinventa uma neorrealidade que lhe pertence e na qual acredita como uma evidência. Não percebe sua estranheza, tão inquietante para os que o rodeiam e, às vezes, também para quem cuida dele, como mostra a reação do médico interno: ele entrou no jogo do paciente, entrou no seu delírio, como se esperasse, desse modo, conseguir neurotizá-lo, recusando um diagnóstico de psicose que o desestabilizava, porque o remetia à sua incapacidade de curar esse tipo de patologia. A história me ensinou que o psiquiatra deve aceitar o confronto com doenças que abalam a razão e conseguir vencer o medo que isso provoca nele. Ainda assim, diante do delírio, a margem de manobra do profissional é estreita. Ele não pode se apegar à sua própria opinião, tampouco pode criticar uma recriação do mundo que protege o doente, pois o resultado disso seria remeter este último à sua estranheza, o que acabaria reforçando sua angústia latente. Pode no máximo dizer ao paciente que eles não veem as mesmas coisas.

Um adolescente de 17 anos me conta: "Sei que estou doente. Vou ficar louco. Quero morrer." Ele me conta que, na rua, no metrô, as pessoas com quem cruza se controlam para não vomitar quando ele passa. Acha que há algo de podre nele, tão ruim que os passantes notam. Ele provoca nojo e asco nos outros, tem certeza, sente. Esse garoto, filho de intelectuais universitários conhecidos, acabou de fracassar no exame de ingresso numa boa faculdade. Na condição de "filho de", ele certamente tinha o dever de conseguir; e seu fracasso o coloca numa posição difícil. Em todo caso, foi nesse momento que seus pensamentos estranhos apareceram.

Mais uma vez, é preciso desconfiar dos sintomas. Assim, o delírio pode ser expressão de uma esquizofrenia ou de um estado maníaco; a menos que seja isolado e transitório ou se inscreva em algum distúrbio neurótico. Sem dúvida nenhuma, esse rapaz tem uma autoimagem muito degradada, sente-se um dejeto e imagina que todo o mundo se dá conta disso só de olhar para ele. Quando a dúvida se insinua neles, muitos – e não só na adolescência – podem ter a impressão de que as pessoas os olham atravessado, sentem-se alvos de uma reprovação que é apenas a projeção de seu próprio sentimento em relação a si mesmos. Na psicose, a impressão vira certeza: o adolescente não imagina, ele tem certeza de que vê os movimentos de rejeição ou de nojo. Os outros adivinham aquilo que acontece dentro dele, leem seus pensamentos.

Nesse caso, será preciso prescrever, obrigatoriamente, neurolépticos que atenuarão o delírio e a angústia, e iniciar um acompanhamento psicoterápico. Mesmo sabendo que não é possível curar a esquizofrenia, pode-se, por meio desse tratamento, propiciar uma melhora.

Outrora, um único surto delirante bastava para rotular o paciente como psicótico; hoje, mesmo depois de vários surtos desse tipo, ainda se hesita em fazer o diagnóstico, preferindo ficar numa dinâmica de evolução positiva.

Manejar as palavras com precaução

Eric tem 14 anos. Seus pais vêm consultar porque, há vários anos – quase cinco–, Eric reclama incessantemente de que tem uma toalha quente sobre a orelha esquerda. "Porque é por aí que me ordenam coisas", diz ele. Os pais se surpreenderam com essa curiosa extravagância. Que imaginação! Que originalidade a do filho! Por nenhum instante desconfiaram que o filho poderia estar sofrendo de um distúrbio mais grave. Aliás, explica a mãe, tudo começou depois da morte de seu gatinho. Ela estava tão convencida da relação de causa e efeito que chegou até a arrumar outro, na esperança de que isso pusesse fim ao que chamava a mania de Eric. Como é de imaginar, não deu certo. E, quando atendo o garoto, ele já apresenta um quadro psicótico instalado.

Agora, os pais estão visivelmente preocupados. Perdidos e desconcertados, não entendem nada da atitude do filho, acabando por considerá-la incômoda. Recusam a gravidade do seu estado e, ao mesmo tempo, esperam que eu, finalmente, dê um nome ao distúrbio dele. Como se um diagnóstico preciso permitisse identificar um inimigo que, uma vez conhecido, fosse mais fácil de combater.

Nesses casos graves, as palavras devem ser manejadas com precaução. No lugar do termo esquizofrenia, prefiro desarmonia evolutiva, a fim de deixar a porta aberta para uma possível evolução; isso permite que o adolescente continue a ser considerado pelos pais, e também pelos profissionais, como um ser em desenvolvimento, com potencialidades que o tratamento adotado irá se esforçar para otimizar. O distúrbio é real, sério, invalidante, mas não basta para resumir o adolescente. Seja em medicina ou em psiquiatria, o diagnóstico é apenas uma etapa – cardiopatia ou esquizofrenia – para melhor determinar um tratamento que deve levar em conta a singularidade de cada história.

Não, decididamente não gosto dos diagnósticos. Sem dúvida por causa de minhas primeiras experiências em psiquiatria, em que o diagnóstico, sempre acompanhado de estatísticas, condenava o doente. Esquizofrênico um dia, esquizofrênico para sempre... Anoréxica um dia, anoréxica para sempre...

Arthur Tatossian, psiquiatra fenomenologista que foi um dos meus "patrões", costumava repetir: "Cuidado, de tanto considerar o paciente um esquizofrênico, vocês correm o risco de 'esquizofrenizá-lo' ainda mais." Era uma forma de dizer que, ao fazer as perguntas que, classicamente, permitem identificar essa patologia, dirigimos a entrevista e já aprisionamos o paciente no seu distúrbio. Acabei por acreditar que o diagnóstico pode às vezes servir de anteparo entre o psiquiatra e o adolescente. A tal ponto que, quando um paciente me é encaminhado por alguém que já o atendeu, eu nunca leio a carta de encaminhamento antes, por receio de que isso falseie meu julgamento. Prefiro estar no instante desse primeiro encontro, à escuta, em empatia, tentando perceber o que esse paciente, suas palavras, suas atitudes, sua história provocam em mim. A fenomenologia, centrada no que aparece na consciência, independentemente de todo juízo, parece-me uma ferramenta preciosa para a psiquiatria: a consulta é, assim, o encontro de duas consciências, uma que se diz enquanto a outra a examina interessando-se ao mesmo tempo por aquilo que repercute em sua própria consciência. Ela protege de uma emoção ou de uma desestabilização grande demais. Serge Lebovici, um dos meus mestres, ensinou-me a redigir, no final de cada primeira consulta, algumas linhas descrevendo meu estado totalmente subjetivo durante a interação e a inter-relação com o paciente, sem me preocupar com o diagnóstico. Continuo a fazer isso até hoje: evita o esquecimento de uma consulta depois de outra, favorece uma melhor sintonia, criando uma proximidade, propícia para a instalação de um processo terapêutico. Sempre haverá tempo para estabelecer um diagnóstico.

Para acabar com a noção de incurabilidade

Ela se chama Julia. Tem 9 meses quando a vemos pela primeira vez. Sofre de encefalopatia epiléptica gravíssima, cujo prognóstico é mais que reservado: em 90% dos casos, evolui para um retardo de tipo psicótico.

Michelle, uma psicóloga do serviço, começa a cuidar da menininha. Passa de uma a duas horas por dia com ela, fala-lhe, troca-a, lhe dá banho, canta-lhe canções, leva-a para passear no fim de semana. Espanta-me essa preocupação que não serve para nada. Por que tanto empenho, se o futuro da criança está condenado? "Você está falando de um diagnóstico", me responde Michelle, "eu estou falando de uma criança real que precisa de alguém que cuide dela. A doença não me interessa; o que conta é Julia e os meios de que dispomos para criar vínculos, para nos comunicarmos com ela."

Esta é uma prova de que também caí na armadilha do diagnóstico e do prognóstico que o acompanha. Eu estava abandonando Julia à sua patologia; já não a via como uma menina, somente como uma doente, ainda por cima incurável. Em suma, estava desistindo. Foi preciso todo o talento de Michelle para me mostrar que eu estava enganado: a doença mental, seja ela qual for, jamais deve impedir de considerar o sujeito e de tentar estabelecer uma relação com ele.

Reconheçamos, para me desculpar, que, quando comecei, psiquiatria e fatalismo combinavam bem; muitas patologias eram consideradas incuráveis, parecia inútil cuidar de quem era afetado por elas e preferíamos dedicar nossos esforços aos outros, que tinham alguma chance de se sair bem. Em muitos casos, então, desconsiderávamos um aspecto, que, no entanto, é essencial em nossa profissão: a relação e a interação com o paciente.

Algum tempo depois, deparo com Jérôme, 18 meses, acometido de autismo infantil. As chances de evolução são pequenas, mas a lembrança de Michelle e da pequena Julia me persegue, não posso me resignar. Ao contrário, quero tentar de tudo para que Jérôme melhore, mesmo sabendo que ele não pode se curar. Uma puericultora, sempre a mesma, cuida dele no dia a dia, para favorecer o estabelecimento de um vínculo; ele faz psicoterapia, sessões de psicomotricidade e de fonoaudiologia, está inscrito na escola maternal em tempo parcial. Também os pais são atendidos em grupos terapêuticos e, por sua vez, fazem psicoterapia.

Contudo, passados alguns anos, é forçoso reconhecer que Jérôme não evoluiu. Está com 6 anos agora; decido, portanto, que é hora de interromper esse tratamento que não leva a nada e inseri-lo num Instituto Médico-Educativo (IME). Continuo, no entanto, a receber notícias dele e passo para vê-lo o mais regularmente possível. Um dia, ao cruzar com ele, digo-lhe como sempre: "Bom dia, Jérôme, como vai você hoje?" E, acostumado com seu silêncio, afasto-me sem esperar a resposta. Mas então ouço uma voz: "É o dia em que você vem?" E, depois, mais nada.

Na reunião seguinte da equipe, explico que estou sendo vítima de alucinações auditivas: acho que Jérôme falou comigo. Os profissionais sorriem: não, faz três semanas que Jérôme diz algumas palavras. Está então com 17 anos. Durante os três anos seguintes, aprenderá a ler, o que lhe permitirá trabalhar num Centro de Ajuda pelo Trabalho (CAT). Alguns anos depois, com 26 anos, seus pais me telefonam: "Jérôme está pagando imposto de renda!"

Essa história remonta a meus primeiros contatos com a psiquiatria infantil, no âmbito de um serviço de neuropediatria em que estavam justamente os jovens autistas. É uma história emblemática por vários aspectos, pois levanta as questões fundamentais que confrontarei ao longo de toda a minha carreira: o diagnóstico e a noção de incurabilidade, a posição dos psiquiatras em relação aos pais e a eventual responsabilidade destes na patologia do filho; as modalidades de tratamento; a integração possível...

Mas a incrível trajetória daquela criança autista vem mostrar, sobretudo, que nunca se deve perder a esperança, não deve haver resignação nem aceitação de um diagnóstico, seja ele qual for, como uma fatalidade. Pensar, ao contrário, que sempre há possíveis, perspectivas e, para abri-las, tentar diversos caminhos, diversos tratamentos, diversas abordagens, sem nunca se deixar aprisionar em pensamentos e ações estereotipados. Com a possibilidade, claro, de se enganar, de voltar atrás, de começar outra coisa... É possível tratar sem riscos? O único risco é desistir.

Um dia participei de um debate cujo tema era "Deficiência e integração". A discussão girava em torno dos trissômicos, e afirmei que eles podiam certamente ser integrados na pré-escola e na 1.ª fase do ensino fundamental, mas que depois disso era conveniente encaminhá-los para instituições especializadas a fim de que pudessem, mais tarde, ter alguma chance de encontrar uma vaga num CAT. Minha argumentação apoiava-se no fato de que, de todo modo, um trissômico jamais poderá ultrapassar o 1.º ciclo do ensino fundamental, na melhor das hipóteses. Um psiquiatra que estava presente objetou que tinha atendido um menino que conseguiu terminar o ensino fundamental. Seu exemplo parecia uma exceção, que sem dúvida se devia, em grande parte, ao fato de o pai e a mãe serem educadores e terem apoiado o filho deficiente de maneira totalmente particular, mas pouco importa. Se um conseguiu, outros também podem chegar lá. Por meio de sua história, esse psiquiatra mostrava que as trajetórias nunca estão totalmente traçadas, que uma patologia, seja ela qual for, não pressagia o futuro do sujeito. Seria não contar com o acaso, com as diversas oportunidades, os encontros, os progressos da medicina e da farmacologia, a obstinação e a esperança inquebrantável de alguns…

Mais que o diagnóstico em si, as estatísticas que o acompanham criam desespero nas melhores almas. Nós as integramos sem nos dar conta e elas imprimem em nós limites que damos por estabelecidos. Esses limites existem, são incontestáveis, mas não estão necessariamente onde se imagina. Ao fixá-los de antemão, fecham-se as portas, vem a resignação. E talvez bloqueemos em parte a evolução do paciente.

Em psiquiatria, nunca se tem certeza de nada, sobretudo não do pior, e, sobretudo, não na adolescência, quando as capacidades de retomada são inúmeras. A psiquiatria não é uma ciência exata; que seja uma medicina otimista!

2. *A vontade de curar*

René Diatkine adorava repetir que, enquanto o psiquiatra não renunciar à vontade de curar, correrá o risco de ficar com raiva daquele que não se deixa tratar. Muito pelo contrário, considero a vontade de curar essencial. Porque ela supõe acreditar que nada é definitivo, nada está estabelecido de uma vez por todas e que se pode – e se deve – sempre encontrar soluções novas, ainda que anedóticas, ainda que fantasiosas, para retomar o jogo psíquico e abrir para o adolescente uma via de esperança. Em outras palavras, a psiquiatria não deve ser autossuficiente, mas abrir-se para outras disciplinas capazes de ajudar o sujeito a recuperar a autoconfiança que lhe falta. Querer curar é ter esperança no lugar do adolescente, enquanto ele reaprende a ter esperança por conta própria.

Consulta e proposição interpretativa

Ela tem 14 anos. Não faz nada na escola, dá de ombros quando lhe falam do futuro, é algo que parece muito distante, e ela não sabe muito bem se tem vontade de exercer uma profissão, seja qual for. Está em conflito com os pais, que ela não suporta, sobretudo o pai, para quem já nem olha, e se mostra agressiva com os adolescentes de sua idade. Além disso, tem relações sexuais de que se vangloria, várias vezes por semana, segundo diz, sempre com homens diferentes, alguns vinte anos mais velhos que ela, mas ela os faz acreditar que é maior de idade, o que consegue sem muita dificuldade graças a uma maquiagem e a uma aparência que a envelhecem. Ao longo de toda a primeira entrevista, ela mantém um ar desafiador, esquiva-se das perguntas, mostra-se voluntariosa, teimosa, meio insolente.

Foi adotada aos 6 meses, a mãe acaba revelando, mas ela nada sabe sobre seus pais biológicos. Só sabe que o pai abandonou a mãe, que não quis criar a criança sozinha. Ela diz que não está nem aí e, seja como for, não quer conhecê-los. Como muitos outros na mesma situação, teve uma infância feliz e mimada, mas a adolescência vem reavivar a ferida inicial do abandono, e ela não para de provocar os pais, de submeter a família adotiva a todo tipo de maldade: por identificação com "genitores" necessariamente maus, já que a abandonaram, e para provar que é de fato abandonável. Em todo caso, é isso que lhe digo, o que provoca uma reação furiosa por parte dela: "Por que está se metendo na minha vida?"

Próximo encontro três semanas depois. Os pais chegam sozinhos, mas aparentando serenidade. A filha parece melhor: voltou a estudar um pouco, mostra-se bastante gentil com a mãe e, embora continue não falando com o pai, consente em olhar para ele em vez de ignorá-lo e desprezá-lo. Boa parte de sua agressividade agora é dirigida a mim: ela me detesta, decretou que não queria me ver nunca mais, ficou irritada ao me ver na televisão, sendo entrevistado a respeito da chacina de Colombine: "Ele fica falando mas nunca esteve lá…"

Quanto a mim, espero revê-la um dia, para me desculpar de minha interpretação selvagem e rude, que ela não suportou. Mas será que eu tinha escolha? Por enquanto, aceito minha posição de "objeto mau" que canaliza todos os seus rancores.

Devo confessar que sou um pouco impulsivo na interpretação. O adolescente pode sentir-se desvendado – e não há nada que ele deteste mais –, até mesmo atacado, mas isso também pode provocar algum eco nele.

Sobre a chamada interpretação selvagem, Freud narrava o seguinte episódio: uma mulher de uns cinquenta anos, recém-divorciada, vai consultar um jovem médico que tem a pretensão de ser psicanalista. Ela se queixa de ansiedade e, ao fim da primeira entrevista, o suposto especialista, seguro de si, declara ter entendido tudo: ela está ansiosa porque não tem mais relações sexuais. Por conseguinte, o tratamento é simples: ou ela volta com o marido, ou arruma um amante, ou se masturba.

Com essa interpretação e esses conselhos, a mulher se sente ainda mais infeliz e mais ansiosa, e decide consultar o próprio Freud. O que explica que não se deve adotar uma postura hipotético-dedutiva, pois isso pode ter o efeito inverso ao desejado: em vez de desbloquear as resistências do sujeito, reforçá-las e fixá-las. Mais vale, portanto, não estabelecer relações de causa e efeito rápido demais, para não impedir o trabalho de elaboração psíquica necessário para a resolução do problema. Contudo, como Françoise Dolto bem mostrou, certas interpretações, apresentadas não como afirmações indiscutíveis mas como hipóteses, proposições, servem como pontos de referência, ajudam a fazer aparecer determinados pontos, às vezes episódicos, propõem pistas para o paciente para que ele possa interrogar o sentido de suas condutas. A interpretação nunca tem valor de diagnóstico; é uma tentativa de compreensão da vivência do sujeito e, nesse sentido, pode favorecer uma tomada de consciência que depois terá de ser elaborada num trabalho psicoterápico. Talvez o fato de dar a entender a um adolescente que compreendemos – ao menos um pouco – o ajude a perceber que há de fato algo a compreender, que seu sofrimento pode ser analisado, que tem um sentido. Buscá-lo é o verdadeiro caminho para a cura: desatar os nós dos fios de seu psiquismo, compreender melhor seus mecanismos inconscientes permite funcionar melhor na realidade, sejam quais forem, por outro lado, os elementos que venham inevitavelmente parasitar esse psiquismo.

A necessária empatia

É de bom-tom dizer que o paciente cura a si mesmo, mas a afirmação não é desprovida de certa demagogia: ele vem se consultar porque não consegue se sair sozinho da situação. Portanto, o psiquiatra deve servir para alguma coisa! Estou lá para ajudá-lo, mantendo sempre a confiança nele, que continua sendo o elemento essencial de sua cura. Deve existir entre nós uma relação de confiança mútua que geralmente se estabelece desde a primeira ou as primeiras consultas, sempre capitais. A atenção, o interesse que demonstro pelo adolescente são uma maneira de lhe dizer que vou cuidar dele e que vamos trabalhar juntos para que se sinta melhor. E a interpretação que faço, às vezes abrupta, aparece então como um meio de forçar um pouco as coisas, em vez de esperar passivamente que ele consiga formulá-las. Nesse jogo a dois, minha vontade de curar parece-me essencial. Imaginem um adolescente que, em geral, é cético quanto ao fato de alguém poder ajudá-lo, diante de um psiquiatra inseguro quanto a sua própria capacidade de fazê-lo? Será que esse dueto incerto teria alguma possibilidade de deslanchar um tratamento dinâmico? É pouco provável...

A interpretação pode ir de encontro à neutralidade, que me parece cada vez mais discutível. Num conflito internacional, torna-se claramente suspeita, e o mesmo se dá por ocasião de um conflito psíquico. Quando um adolescente me confia sua angústia, ou a demonstra por sua atitude, isso necessariamente repercute em mim. A empatia, faculdade de se pôr no lugar do outro, ainda que seja apenas por um instante, é uma posição complexa: não devemos nos apropriar da história do adolescente, não devemos nos projetar nele, mas, ao mesmo tempo, estamos lá para compreender. Como fazer isso sem se compadecer? O psiquiatra não é psicanalista, não está obrigado à mesma neutralidade. Tem de conseguir encontrar, assim como os pais, uma distância correta, e, embora se proíba a intrusão, a exposição, a sedução, tem direito à compaixão e à humanidade. A história que o adolescente (ou seus pais) lhe conta evoca outras histórias ou lembranças pessoais e pode tocá-lo num determinado ponto; fica então fragilizado, adota um discurso um pouco mais convencional e distanciado, como que para se proteger. De minha parte, prefiro evocar essas lembranças em voz alta: "Puxa, o que você está dizendo me lembra...", o que serve ao mesmo tempo de anteparo e de mediador. Anteparo para diminuir o impacto da história dele sobre mim e proteger de uma transferência maciça; mediador para povoar um psiquismo um pouco apagado que tento reativar.

Numa primeira consulta, tudo importa: o olhar, a voz, a elocução, as entonações, os gestos, a atitude... que são também sinais clínicos. É um tempo intenso, denso, de auscultação psíquica, em que toda a atenção do psiquiatra está mobilizada. A consulta é como uma pescaria de espera: descemos em apneia com uma rede e esperamos que o peixe venha se enroscar nas malhas. Às vezes, porém, temos de voltar à superfície para respirar, e é nesse momento que o peixe passa...

É uma maneira de dizer que não entendo tudo. Posso passar ao largo de um paciente, de uma história, pode acontecer que eu não esteja suficientemente disponível, que não esteja suficientemente paciente, que seja desajeitado, às vezes intrusivo demais, interpretativo demais... O psiquiatra, seja ele quem for, continua sendo um ser humano, com suas falhas.

Outro dia, pai e mãe vieram me consultar. Querem se separar e temem as repercussões disso sobre o filho de 11 anos, que está presente e, no momento, não mostra nenhum sinal de mal-estar. Meio precipitadamente, explico-lhes que não se podem antecipar as dificuldades e que sempre haverá oportunidade de eles voltarem, se for preciso. Deixo-os ir embora sem dizer nada, mas logo sou invadido por uma espécie de remorso. Peço então à minha secretária que vá buscá-los para que eu possa me desculpar por ter sido tão expedito. Ela me responde que não vale a pena, que aquela consulta relâmpago veio a calhar, pois já tenho atrasos acumulados. Insisto, fico irritado com sua desenvoltura, mas ela permanece imperturbável. Depois me explica. Ao passarem por sua mesa, os pais pediram para marcar outra hora, dizendo: "O professor não estava em forma hoje, não faz mal, vamos voltar." O psiquiatra tem direito a uma consulta de recuperação. Mas, é claro, não deve abusar.

A psiquiatria não é onipotente

No hospital Sainte-Marguerite de Marselha, nos anos 1990, Philippe Bouteloup, violonista de uma associação, criava e dirigia formações musicais no serviço médico e participava de algumas consultas, com o acordo e o cofinanciamento da Assistência Social.

Lembro-me particularmente de uma dessas consultas. Naquele dia, recebemos uma criança autista com os pais. O menino de 6 anos segurava na mão um carrinho azul. Fez menção de dá-lo, mas logo o pôs de volta no bolso. É um gesto estereotipado, bastante característico de sua patologia, e foi por isso que evitamos intervir no seu ritual com o carro azul, que consideramos um objeto transicional psicótico.

Mas o músico não tinha nossas reticências. Pegou o carro e o colocou sobre a mesa, o pequeno o apanhou prestamente e o recolocou no bolso. Em seguida, Philippe começou a tocar violão, cantando "Il court, il court, le furet...", sem conseguir atrair a atenção do garoto, fechado em sua indiferença e em sua incapacidade de estabelecer contato. Depois de um longo tempo, contudo, o menino veio pousar a nuca na coxa do músico, lançando a cabeça para trás, para olhá-lo. "Il court, il court, le furet... Il est passé par ici, il repassera par là..."*, cantava Philippe, pegando novamente o carro azul com o qual a criança não parava de brincar, sempre do mesmo modo. Não dizíamos nada para não contradizê-lo na frente dos pais do pequeno paciente, mas começamos a achar a atitude dele inadequada. Aos nossos olhos, ele estava entrando no jogo psicótico da criança, sem entender nada de sua patologia. Enquanto isso, o furão não parava de correr, e o refrão ameaçava se tornar irritante. "Ele passou por aqui, ele passará por lá..." A cada vez, Philippe pegava o carrinho, que a criança logo tomava de volta.

Então, de repente... "Ele passou por aqui, ele passará por..." Quando ele colocou o carrinho na mesa, o garoto murmurou "lá", uma primeira vez. Philippe repetiu: "Ele passou por aqui..." "Ele passará por lá", cantarolou o menino, entrando assim em interação com o músico. Ficamos pasmos. Até então, a criança nunca pronunciara nem sequer uma palavra.

Naquele dia, bastaram um violão, uma canção, e a força de contato, a ingenuidade empírica de nosso trovador, para fazer falar um garoto com quem até então não tínhamos conseguido entrar em relação. A respeito dessa história, alguns adeptos da psiquiatria pura e dura poderão invocar o acaso, que, por outro lado, eles recusam categoricamente. Isso os dispensará de se indagar sobre a cena que acabei de descrever e lhes evitará questionar a onipotência de sua especialidade, a única habilitada a tratar dos distúrbios do psiquismo.

Mas reconheçamos que essa é uma atitude cada vez menos adotada. Ainda bem. Disciplina muito jovem, a psiquiatria – e a psiquiatria infantil *a fortiori* – progride constantemente e já começa a se livrar da arrogância que por muito tempo foi o apanágio daqueles que a representavam e consideravam que, além deles mesmos, não havia salvação. Consultas e tratamentos medicamentosos, a isso se resumiam os cuidados. Em seguida, a psicoterapia conquistou seu espaço, indispensável.

· · · · · · · · ·

* Canção infantil tradicional, cujo refrão diz: "O furão corre, corre, ele passou por aqui, ele passará por lá". [N. da T.]

Hoje me parece impossível desconsiderar outras mediações, cujo aspecto terapêutico já dispensa demonstração.

Em outras palavras, a psiquiatria não deve ser uma disciplina vertical, dominada por psiquiatras cheios de si, convencidos de que sabem tudo e podem tratar sozinhos de um paciente, seja ele qual for. Ela tem todo o interesse de ser transversal, ou seja, de aceitar abrir-se para outras especialidades que aparentemente não têm nada a ver, mas que são outras possibilidades de contato. A heterogeneidade dos cuidados é a meu ver um princípio indiscutível. Em todo caso, foi isso que aprendi, particularmente graças a Philippe Bouteloup e a todos os que vieram depois dele, provenientes de horizontes diversos, e que puderam, a seu modo, e aceitando seus limites, participar dos cuidados aos pacientes.

O distúrbio psíquico, sempre complexo, continua sendo misterioso sob muitos aspectos. Por ter um saber empírico, o psiquiatra pode ver-se tentado a crer que compreende tudo. O que nem sempre é o caso, longe disso. E, ainda que fosse, seu saber e sua compreensão de nada servem se o adolescente não consegue, por conta própria, dar sentido ao que está acontecendo com ele.

Diante do distúrbio psíquico, ninguém pode pretender deter a chave que dá a certeza da cura. Esta muitas vezes é fruto de um processo de maturação. O papel dos profissionais consiste, então, em acompanhar o paciente ao longo desse trabalho, evitando que corra perigos e se machuque, e aceitando apoiar-se em outros mediadores que também servirão de suporte e apoio num momento difícil.

Quando o adolescente melhora, quando finalmente sai desse período tão difícil, quem pode dizer com certeza o que mais o ajudou? Não se trata de estabelecer um quadro de classificação, de afirmar arbitrariamente que a sofrologia ou uma atividade de teatro tratam melhor que a psicoterapia, mas de aceitar que a "cura" por vezes nos escapa, que ela depende de uma conjunção de fatores, de tratamentos, de atividades, de encontros... O distúrbio psíquico deveria nos ensinar, ao menos, a humildade.

A cultura é um cuidado

Maude chega do interior, por recomendação do psiquiatra que a acompanha há algum tempo e admite que já não sabe o que fazer. Ela tem 17 anos, pesa menos de 30 quilos e está coberta de escarificações. Recusa-se a conversar tanto com os profissionais quanto com as outras anoréxicas que tentam estabelecer um diálogo com ela, grita ou geme quando alguém se aproxima, tenta se esconder, encolhida atrás da cama, corre à noite no seu quarto para emagrecer ainda mais. Para ter certeza de que não vai ganhar mais nem um grama de peso, há algum tempo Maude já não bebe; portanto fomos obrigados a colocá-la sob bomba de nutrição, mas ela a retira sozinha assim que viramos as costas e a coloca de volta quando alguém se aproxima. Até quando, na sua precipitação, ela cometeu um engano, correndo o risco de sufocar os pulmões e provocar uma infecção generalizada, que implica perigo de vida.

Claro que Maude é anoréxica. Esse distúrbio do comportamento alimentar pertence quase sempre ao campo da neurose. Contudo, em aproximadamente 10% dos casos, aparece como um sintoma que se inscreve num transtorno da personalidade. Parece ser este o caso de Maude, a quem decidimos prescrever neurolépticos.

Alguns dias depois do início do tratamento, Maude participa da oficina de rádio. Contrariando todas as expectativas, ela, tão silenciosa, tão retraída, quase catatônica, põe-se a falar dos cavalos. Naquele instante descobrimos uma outra adolescente. Exprime-se com facilidade, mostrando-se em sintonia e em empatia com os outros adolescentes. Sua atitude fora do campo da entrevista clínica nos obriga, então, a questionar nosso diagnóstico. Prova de que a clínica é bem mais vasta do que a consulta, à qual não pode se resumir, apesar da importância que possa ter.

Pouco depois ficamos sabendo que, na sua internação anterior, no interior, Maude dividiu o quarto com uma esquizofrênica. Na Maison de Solenn, quase a despeito de si própria, ela adotava o comportamento daquela que tinha se tornado sua melhor amiga, como se isso lhe permitisse negar melhor sua própria doença.

Para os que duvidam da utilidade dos cuidados culturais, a história de Maude traz um desmentido incontestável. Nesse caso, o cuidado cultural já não foi apenas terapêutico, tornou-se um elemento do diagnóstico. E foi depois de sua participação no programa de rádio que suspendemos uma medicação pesada de que ela não tinha nenhuma necessidade.

Na Maison de Solenn, o terceiro andar é meu preferido. Na altura das copas, logo acima das árvores, aberto para o céu, ele está reservado para os cuidados culturais. Insisto na expressão "cuidados culturais": ela diz claramente que a cultura, as atividades culturais são um cuidado no pleno sentido do termo, do mesmo modo que a psicoterapia – uns não dispensando a outra, evidentemente. Aliás, são prescritos pelos médicos e transcorrem sob a direção de um coordenador profissional e com um profissional de saúde: psicólogo, enfermeira ou médico, cuja presença valida o fato de se tratar efetivamente de um cuidado e não de uma atividade assistencial destinada a matar o tempo.

Para a retomada do jogo psíquico, necessitamos de suportes culturais, que são possibilidades de abertura e de encontro consigo mesmo e com os outros: de teatro, de música, de navegação na internet, de cozinha, de rádio, de dança... de tudo aquilo que compõe a vida, em suma, e mais particularmente a vida dos adolescentes. Estão numa idade em que, geralmente, abandonam a (ou as) atividade(s) praticada(s) desde a infância, como forma de melhor se afastar dela e afirmar seus gostos pessoais perante os pais. Tentam, experimentam, apaixonam-se pelo violão que largarão assim que um novo entusiasmo pelo sax ou pelas artes marciais se fizer sentir. Diz-se que eles zapeiam, são acusados de ser antes de tudo consumistas, bulímicos, preferindo a quantidade à qualidade; são acusados de começar tudo e não ir até o fim de nada... Mas esquecemos que estão se buscando e que esse *zapping* é essencialmente demonstração de sua vitalidade, de sua curiosidade e de sua busca por uma identidade. O mais terrível e, sobretudo, o mais inquietante seria eles pararem tudo, não fazerem mais nada, sem vontade, sem desejo. Por que a internação deveria implicar a suspensão de todos os investimentos, sendo que alguns deles podem subsistir, mesmo em caso de distúrbio psíquico? Por que não incentivar aqueles que os abandonaram a recuperá-los, num outro contexto, em que talvez se sintam mais seguros? Privá-los de tudo o que constitui a riqueza e a diversidade da vida seria, então, uma maneira de puni-los por seu distúrbio. Já não seriam totalmente adolescentes, mas apenas doentes, a quem o prazer está proibido porque são culpados de estarem enfermos.

    Todas essas atividades que designamos pelo termo "lazer", subentendendo que não é muito sério, têm contudo grande interesse: são fontes de descobertas, de experimentações, de criação; permitem que os adolescentes pensem em outra coisa que não eles mesmos e suas dificuldades, que não fiquem autocentrados; oferecem-lhes oportunidades de viver de outro modo que não como sujeitos sofredores, que só poderiam se definir e existir em relação a seus distúrbios.

    Alguns deles, como se sabe, e sobretudo a depressão, vêm acompanhados de um desinvestimento maciço das atividades anteriores. Uma possibilidade é se resignar, acatar a situação, aceitar que o distúrbio coloque a vida entre parênteses e faça o sujeito desaparecer. A outra é, ao contrário, lutar contra o afundamento e o marasmo, multiplicando as oportunidades de investimento para que a vida continue apesar de tudo. É essa solução que privilegiamos na Maison de Solenn. Isso não impede, de forma alguma, o trabalho psicoterápico, para ajudar os jovens a refletir, a pôr em palavras um sofrimento que não consegue ser dito, a entender o que os males tentam exprimir de maneira ininteligível. Há tanta escolha que, mesmo que alguns adolescentes tenham reticências, acabam sempre aceitando uma ou outra atividade. Uma recusa absoluta e duradoura seria para mim sinal de gravidade particular no plano psicopatológico, de catatonia esquizofrênica, de ruptura com o mundo. O lugar de um adolescente assim certamente não seria na Maison de Solenn, ele necessitaria de outro tipo de tratamento. Propor-lhe cuidados culturais aos quais não poderia ter acesso devido à sua patologia seria um ato quase agressivo contra ele. Mas, até agora, nunca enfrentamos um caso assim. E todos os adolescentes praticaram um ou vários cuidados culturais.

Reconquistar uma autoimagem

Essas atividades são preciosas porque significam que, apesar do sofrimento por vezes intenso e invasivo, em cada um subsistem partes "sadias", intactas, sobre as quais deve se apoiar para recuperar um pouco de autoconfiança e de prazer de funcionar. Uma vez mais, trata-se de não perder o sujeito de vista, de não reduzi-lo a seu distúrbio. Por isso fico furioso com aqueles que ousam falar de "gadget" a propósito dos cuidados culturais.

A palavra foi empregada na inauguração da roupoteca do Espaço Arthur, em Marselha, em 1995. Seu princípio, retomado na Maison de Solenn, é simples: estilistas nos dão roupas que os adolescentes podem experimentar e eventualmente comprar por preços irrisórios se assim desejarem. Houve quem pensasse que eu acreditava poder curar assim as anoréxicas...

Ora, claro que o propósito não é esse e minha suposta ingenuidade tem limites! Só acho que a roupa é um acessório que não tem nada de anódino, nem que seja pelo simples fato de muitas vezes constituir uma segunda pele. Basta atentar por um instante para o modo como escolhemos nossas roupas toda manhã, de acordo com o dia, com a cor do tempo e com nosso humor, conforme os encontros que teremos, para entender que a roupa é uma maneira de se mostrar ao mundo: às vezes armadura para enfrentar e combater, às vezes fantasia para se fazer notar, às vezes provocação para se diferenciar, às vezes, ao contrário, proteção destinada a se esconder, a se misturar na multidão. Na adolescência, o *look* ganha uma importância capital e tende a afirmar a diferença entre gerações – cada vez menos, admita-se, com todas as gerações se satisfazendo com uma aparência adolescente duramente conservada. O *look* se mostra, mas trata-se muitas vezes de um engodo por trás do qual o adolescente se dissimula para não ser exposto.

Aceitar experimentar uma roupa quando se está anoréxico ou quando se está deprimido a ponto de já não ter vontade de fazer nenhum esforço é uma maneira de se esconder para aceitar se ver, o que me parece mais interessante do que não mais se olhar nem se ver. A ideia é justamente poder lançar outro olhar para si mesmo, conquistar uma autoimagem que se perdeu...

O procedimento é mais ou menos similar no que diz respeito aos cuidados estéticos e ao penteado. Cuidar de si, a expressão diz tudo. Ficar bonito é importante: fica-se menos mal quando se consegue agradar a si próprio, ainda que de modo fugaz, pelo tempo necessário para perceber no espelho uma imagem de si que surpreenda, espante... Um reflexo que diz que não somos tão horríveis quanto imaginamos e que permanecerá num canto da memória, como uma marca do que podemos ser. Como um começo de reconciliação ou de aceitação do que somos ou do que queremos vir a ser...

Tudo isso são artifícios? Mas quem pode afirmar que nunca recorreu a artifícios, sobretudo numa época em que tudo parece girar cada vez mais em torno da aparência? Os adolescentes hospitalizados têm o direito, tanto quanto os outros, ao que se costuma chamar um tanto precipitadamente de futilidade. Por vezes, ela se revela essencial. Sabendo que às vezes são acontecimentos supostamente "fúteis", pelo menos qualificados como episódicos, que servem de desencadeantes dos distúrbios dos adolescentes, por que não aceitar a ideia de que outro elemento "episódico" possa servir de desencadeador, possa ajudá-los a resolver as coisas, pondo-os novamente em contato com uma parte deles mesmos que já não viam?

Inventividade e criatividade

Convidaram-me para almoçar na oficina de cozinha. Ela é dirigida por nutricionistas que, naquele dia, tinham ido ao mercado com os adolescentes e todos juntos tinham feito a refeição. Eu observava mais particularmente as anoréxicas, como se pode imaginar. É banal o fato de elas darem de comer aos outros, preparando o alimento que proíbem a si próprias... O que mais me interessava era constatar que algumas, de quem tinham acabado de retirar a sonda, "beliscavam": tocavam os alimentos, comiam com as mãos, autorizando-se, assim, a brincar com o inimigo, como se fosse para conhecê-lo melhor e dominá-lo pelo contato. Faziam-me lembrar crianças bem pequenas que têm necessidade de tocar, amassar, jogar os alimentos antes de incorporá-los. Aquela refeição parecia um tempo de regressão em que elas recuperavam uma relação quase arcaica com o alimento, uma relação primária, direta, da ordem da sensualidade, numa sociedade que, por se pretender civilizada, fez de tudo para pôr o alimento a distância por meio dos pratos, dos talheres. "Não ponha a mão, é sujo", repete-se para as crianças que insinuam um dedo na sopa. Mas o que é que é sujo? A comida ou a criança?

Um dos projetos para a oficina de cozinha é convidar, uma vez por mês, um grande chefe para que ele prepare com os adolescentes um almoço para o qual serão convidados os profissionais de saúde, os pacientes, suas famílias e alguns amigos também. É mais uma maneira de estabelecer um vínculo entre o dentro e o fora e de devolver às refeições toda a sua importância, momentos de convivialidade, de proximidade, de troca e de compartilhamento.

A saúde, tal como a define a Organização Mundial da Saúde (OMS), não é apenas a ausência de doença, mas um bom equilíbrio entre o psiquismo, o físico e o social. Nesse sentido, deve-se admitir que não há divisão entre a cabeça e o corpo, mas que formam um todo: o sujeito. Seria um erro, portanto, sob pretexto de se ocupar do que acontece na cabeça, desinteressar-se do que concerne ao corpo. Um corpo que o adolescente precisa dominar e reconhecer como seu, apesar de todas as transformações que ele sofre e que por vezes modificam radicalmente a percepção que ele tem de si próprio. Um corpo que ocupa um lugar central nessa idade.

Fazer esporte, dançar, movimentar-se, representar num palco de teatro, cantar... Não basta abrir a boca, também é preciso se colocar, sentir os pés enraizados no chão, a coluna vertebral, o diafragma, endireitar os ombros, aprender a respirar, a colocar a voz... Assim, tomar consciência da própria corporeidade significa tomar consciência de si, de seu modo de se apresentar e de estar no mundo nesse corpo que está reaprendendo a funcionar, recuperando mobilidade, desenvoltura, flexibilidade. Esse corpo que já não é apenas um inimigo, estranho, mas um aliado que nos permite ficar de pé.

Funcionar melhor consigo mesmo permite funcionar melhor com os outros. O professor de música é também o coordenador do café cultural que organiza, uma vez por mês, um encontro com um artista, cantor, músico, poeta, escritor. Com uma grande poeta do Líbano, os adolescentes trabalharam poemas que em seguida leram em voz alta, alguns dizendo os de seus colegas, mais tímidos e mais inibidos, que não ousavam tomar a palavra em público. Foi um momento comovente: todos tinham conseguido encontrar dentro de si palavras, imagens, rimas e a vontade de escrever, de dizer algo sobre si mesmos, sobre o mundo, a vida, suas dúvidas, seus sonhos, ou mesmo sobre suas alegrias; todos mostravam sua sensibilidade, seu talento, tudo o que continua presente neles mas de que nem sempre ainda têm consciência. A poesia, assim como as artes plásticas, possibilitam uma expressão de si, de seu inconsciente, de suas angústias, da representação que se tem da própria imagem e do próprio problema.

"Isso me dá asco, não quero mais continuar", declara uma anoréxica olhando o molde de gesso que fez diretamente sobre seu corpo. Essa escultura íntima provoca o mal-estar, a rejeição de sua imagem que ela não consegue ver como é. Outra começou a esculpir seu corpo inteiro. Com a melhora de seu estado, decidiu cortá-lo em dois: uma parte para mostrar a doença, outra para mostrar seu corpo que volta a ganhar formas e vida e que ela aceita como sendo seu. Na sala de artes plásticas, os moldes de gesso ficam suspensos no teto; evocam armaduras de cavaleiros um pouco fantasmagóricos, envolvidos num combate contra a fome, a morte, mas também contra a doença.

Graças a essa oficina, o terceiro andar se tornou uma sala de exposição permanente. Uma anoréxica desenhou uma pequena silhueta preta cujo pescoço está preso entre as garras de um enorme caranguejo vermelho. Um rapaz representou um corpo desmembrado, um braço num canto do quadro, uma perna no outro... "Sempre me disseram que esquizofrenia = fragmentação, finalmente estou entendendo o que isso significa", espanta-se um jovem interno, impressionado com essa descrição em imagens da patologia. Há também um grande quadro magnífico que atrai irresistivelmente o olhar. Uma silhueta branca, de costas, numa alameda de árvores muito sombrias formando um túnel em cujo final nota-se a luz. A silhueta caminha na direção da claridade, como Atena, tendo a autora do quadro voltado para o sol da Grécia de onde viera, ao que parece curada de sua anorexia.

Essa exposição permanente é para os adolescentes uma maneira de deixarem uma marca que os ajuda a superar o tempo de internação, a se lembrar dela não só como um tempo de sofrimento e de desesperança, mas também como um tempo em que houve prazer, criatividade e não só no negativo.

Pois todos os cuidados culturais falam de criação e de inventividade. Permitem esquecer, ainda que por alguns minutos, a patologia, perceber que ela não acabou com todas as capacidades do sujeito. Isso contribui para mudar o olhar que eles têm sobre si mesmos, e o olhar dos outros sobre eles. Quando pais, irmãos e irmãs vêm visitá-los, em vez de encontrá-los no quarto, largados na cama, de *walkman* no ouvido, são muitas vezes obrigados a esperar que o filho ou a irmã termine o teatro ou o programa de rádio... Não é um bom motivo para esperar? Os cuidados culturais lutam contra o tédio e o ócio que acarretam ou reforçam a depressividade, o sentimento de não ter vontade de nada e de não servir para nada. Graças a eles, a internação torna-se um tempo de vida plena.

A grande diversidade de cuidados culturais permite que a Maison de Solenn também seja um Centro de Acolhimento Terapêutico em Tempo Parcial (CATTP), para os antigos pacientes mas igualmente para os adolescentes de fora que precisam de um acompanhamento ambulatorial. Os jovens vêm não só para encontrar o psiquiatra, mas também para fazer dança ou desenho... Prova de que se continua sendo um adolescente como os outros.

"Casa dos adolescentes", a expressão tem um sentido. Significa que eles devem poder se apropriar dos lugares, que não devem ter a impressão de estar no hospital, mas sentir-se um pouco em casa, para não sentir nem vergonha nem constrangimento de receber a visita dos que gostam deles. No terreno dos cuidados culturais, ainda há coisas que precisam ser melhoradas, criadas, desenvolvidas. Gostaria de aumentar o jardim sobre o telhado, onde os adolescentes semeiam, plantam, regam, brincam com a terra, observam o crescimento das flores ou legumes que depois virão colher para preparar as refeições. Gostaria de pedir a artistas contemporâneos para doarem algumas de suas obras para decorar o serviço. Gostaria de trazer o Festiventu de Calvi, esse curioso "festival do vento", que faria dançarem no terraço objetos aéreos e poéticos...

Gostaria de tornar os locais cada vez mais bonitos e atraentes, porque o bonito trata; convidar as pessoas de quem gosto, porque essa casa se tornou um pouco a minha casa. Não me sinto seu proprietário de modo algum, mas uma coisa é certa: lá me sinto bem.

Gostaria...

A vida escolar, base do jogo intelectual e cognitivo

Grupo terapêutico, uma quinta de manhã. Naquele dia, a discussão girou em torno do *look*, das aparências, tema inesgotável para as meninas, enquanto os meninos ficam contemplando seus tênis para disfarçar o incômodo.

De repente, uma jovem anoréxica se levanta olhando para o relógio. "Desculpem-me, tenho de ir embora, vou para a aula", diz ela corando, não de vergonha, mas de orgulho. Ela vai sair da Maison de Solenn para ir ao colégio, não longe dali, onde retomou a vida escolar apesar de continuar internada. Observo-a sair, sorridente e apressada, com muito prazer: trata-se de um sinal evidente de melhora.

Parece-me, e não é pejorativo, que o adolescente é um animal – racional? – de duas patas. Uma são os pais; a outra, a vida escolar. Os primeiros representam a ancoragem no passado, a historicidade, as raízes; a segunda, base do jogo cognitivo, intelectual e até psicológico, está voltada para o futuro e constitui um trampolim para tornar-se aquilo que se sonha. Os dois juntos permitem ao adolescente manter-se mais ou menos ereto num presente submetido a fortes turbulências.

Muitas vezes, os pais são prioritariamente atacados, voltaremos a isso. O trunfo que os estudos representam atualmente, a pressão, a obrigação de êxito que pesa sobre os ombros das crianças, às vezes desde o ensino fundamental, e mais ainda sobre os dos adolescentes, de quem se exige, imperativamente, que se definam sem hesitação, fazem com que a escola e o colégio se tornem lugares privilegiados de focalização e de expressão dos conflitos e da angústia.

Uma queda nos resultados escolares parece, contudo, normal, quase inevitável nessa idade em que as solicitações são inúmeras e em que as preocupações recaem sobre outros objetos de investimento. Num extremo, alguns adolescentes manifestam o que parece ser um verdadeiro desinteresse pelos estudos, chegam até a se dispensar de assistir às aulas, ocasionalmente ou mais regularmente. Talvez por terem dificuldade de imaginar que isso possa lhes servir para alguma coisa – será pelo fato de ouvirem o tempo todo que nem os diplomados são poupados do desemprego juvenil? Mais provavelmente, eles encontram nisso um meio de exprimir um mal-estar, uma fragilidade: uma dúvida sobre si mesmos, sobre suas capacidades de ter êxito, o adolescente preferindo então desistir a se confrontar com seus limites; ou uma recusa de se submeter às exigências sociais, que fazem eco às exigências parentais. Desejoso de se permitir o exercício de uma liberdade em que as únicas exigências aceitáveis são as que ele mesmo escolhe, o adolescente não tem consciência de que, ao sabotar sua vida escolar, está sabotando sobretudo a si mesmo. Paralelamente a esse desinvestimento, observa-se há alguns anos uma nova patologia: a fobia escolar. Diferentemente do que ocorre no absenteísmo, o interesse pelos estudos permanece intacto, mas uma ansiedade importante impede de ir às aulas. Pessoalmente, observei que esse tipo de fobia era muitas vezes desencadeado por uma morte de alguém do círculo próximo, provocando na criança ou no adolescente um medo incontrolado e incontrolável de se afastar de casa, como se, pela sua simples presença, pudesse impedir que um de seus familiares desaparecesse. Seja como for, vê-se na impossibilidade de transpor as portas de seu estabelecimento escolar, e, já que a angústia pode vir acompanhada de manifestações somáticas – vômitos, tremores, vertigens... –, de nada adianta forçar a criança ou o jovem.

É evidente que desinvestimento e fobia escolar não podem ser tratados da mesma maneira, mas ambos implicam um risco de dessocialização ou mesmo de marginalização e podem acabar amputando as perspectivas de futuro. Por isso, em ambos os casos, a retomada da vida escolar tem de ser um dos objetivos prioritários do tratamento. A internação nunca deve ser ocasião de rompimento com os estudos, que, a meu ver, são parte integrante do tratamento e sempre possibilitam recobrar uma autoimagem melhor.

Na Maison de Solenn, temos a sorte de ter obtido cinco vagas de professores do ensino médio, deslocados da Educação Nacional. É algo tão raro que merece ser destacado: com exceção dos hospitais da Fondation santé des étudiants de France (FSEF), os outros funcionam apenas com educadores especializados. Assim, são ensinadas cinco matérias: artes plásticas, música, esportes, francês e filosofia – escolha que sem dúvida corresponde a gostos pessoais, já que essas matérias são aquelas em que eu gostaria de ter brilhado na adolescência. Um novo professor de história-geografia deve se juntar a nós em breve.

A partir do ensino médio, prescreve-se filosofia, assim como se prescreve um cuidado cultural. É fácil entender a que ponto o questionamento filosófico é uma ferramenta interessante para ajudar os adolescentes a refletirem sobre eles mesmos e sobre o sentido da vida.

Também fazemos parcerias com associações, como a École à l'hôpital, graças à qual os adolescentes podem se beneficiar de aulas particulares, encontrando em seus progressos pessoais uma razão para recuperar um pouco de autoconfiança e, na relação com seu professor, um apoio precioso. Também temos parceria com a escola do hospital Tarnier, nosso vizinho.

Por fim, trabalhamos em colaboração com os diretores dos liceus das redondezas para que alguns dos jovens possam frequentá-los e acompanhar os cursos necessários. A ideia é sempre a de que o hospital não deve ser um lugar fechado sobre si mesmo, que encerra e esclerosa, mas deve se empenhar em permanecer aberto para fora a fim de possibilitar idas e vindas e favorecer paulatinamente um retorno a uma vida "normal". Essa retomada da vida escolar se dá progressivamente, sobretudo em caso de fobia escolar. Com efeito, convém respeitar a patologia do adolescente e não confrontá-lo com o objeto de seu medo, ainda que este seja apenas um substituto. Se ele tem medo do escuro, não o prendo no escuro; se tem medo de aranhas, não o obrigo a pegar aranhas na mão; se tem medo da escola, prefiro prescrever para ele um ensino a distância a obrigá-lo a enfrentar a escola... A psiquiatria não é *Fort Boyard*: cobras, precipícios para sentir o grande *frisson* e provar para si próprio que é possível ser mais forte que o medo. O comportamentalismo tem seus adeptos, mas não sou um deles. O psiquiatra não está aqui para endireitar o adolescente e sim para ajudá-lo a (re)encontrar os pontos de apoio sem os quais não consegue funcionar harmoniosamente. A escola é um deles. Os estudos também têm de fazer parte dos cuidados.

3. Os pais, aliados e torcedores

A adolescência é de fato um processo de aquisição de autonomia que consiste em grande medida em se separar dos pais para poder investir outros objetos de apego. Contudo, os pais continuam sendo, mais que nunca, figuras importantes, ao mesmo tempo pontos de referência e pontos de apoio, e continuam servindo de suporte, ainda que as relações mudem e exijam reajustes permanentes, muitas vezes fontes de tensão.

Mais que nunca, o adolescente precisa deles, de sua benevolência, de seu afeto... e de sua firmeza. Por serem essenciais para ele, são também essenciais para o psiquiatra. Ele precisa da adesão dos pais ao tratamento, do qual devem ser sempre parte interessada.

Inato, adquirido: um debate ultrapassado?

Por muito tempo, como se sabe, os pais foram mantidos afastados do acompanhamento terapêutico dos filhos. Foi nos anos 1970 que se criaram as unidades de internação pais-filhos, mas apenas no âmbito das doenças somáticas. Em 1975, no hospital de la Timone, em Marselha, essa unidade contava com doze quartos, mas nenhum médico queria se ocupar dela. Os pacientes já davam bastante trabalho, se ainda fosse preciso se ocupar com os pais!... Aquele cargo logo me atraiu. E a primeira medida que adotei foi fechar um quarto para fazer dele... uma cafeteria, um local de convivência onde os pais, geralmente desgastados pela doença do filho, em pleno desespero, se encontravam em torno de um copo, entre eles, mas também com os profissionais. Não eram grupos terapêuticos formais, mas encontros espontâneos num espaço aberto, onde cada um podia fazer uma pausa e vir falar, do filho mas também de outra coisa. Foram muitos os que me disseram até que ponto aquela iniciativa os ajudou: possibilitava um contato diferente com os profissionais, uma conversa mais livre, menos didática e menos técnica talvez do que por ocasião das consultas e, sobretudo, criava vínculos, enfrentando assim o sentimento de isolamento de que alguns sofriam.

Desde aquela época, sempre trabalhei com os pais, quer se tratasse de doença somática ou de doença psíquica. Quando atendo um adolescente pela primeira vez, sempre encontro o pai e a mãe junto com ele, ou pelo menos um deles. A atitude de cada um durante a consulta já me permite ter uma ideia da relação existente entre eles. É uma primeira indicação. Os pais têm sobre mim uma grande vantagem: conhecem o filho, têm com ele uma anterioridade que não tenho, e preciso saber o que eles entenderam e analisaram do comportamento dele. Necessidade de saber o que eles pensam a respeito. Necessidade deles como aliados ao longo de todo o tratamento. A relação e o diálogo com os pais são, a meu ver, um aspecto genérico do papel do médico, que deve poder ouvir o que eles pensam e imaginam. O psiquiatra tem uma representação do distúrbio que não tem nada a ver com a representação fantasmagórica que os pais e o próprio adolescente têm, e é primordial escutá-los.

A chamada aliança terapêutica não é uma expressão vazia. Ela compreende o adolescente, o psiquiatra (e a equipe de profissionais) e os pais, todos de acordo quanto ao tratamento, seu desenvolvimento e seus problemas, reunidos numa mesma vontade de juntar suas respectivas competências, cada qual no lugar que lhe cabe e com as responsabilidades que lhe incumbem.

Durante um grupo terapêutico sobre o tema "pais", foram muitas as adolescentes, sempre mais volúveis que os meninos, que disseram espontaneamente a mesma coisa: "Nossos pais se sentem culpados por nos ver aqui, isso os faz sofrer…"

Diante do problema do filho, a culpa dos pais parece inevitável. Que erros podem ter cometido? Será que não foram suficientemente presentes, disponíveis, atentos? Terão sido exigentes demais? Ou, ao contrário, tolerantes demais? Por muito tempo essa culpa foi alimentada pelo corpo médico. De maneira mais ou menos explícita, os pais eram apontados como responsáveis, pelo menos como uma das principais causas das dificuldades. Era sempre culpa do pai e, ainda com maior frequência, da mãe, onipotente, onisciente, decidindo sozinha o destino do filho.

Psiquiatra americano talentoso – ganhou notoriedade em Chestnut Lodge (Maryland), estabelecimento reconhecido pelo papel que desempenhou na abordagem psicoterapêutica intensiva dos esquizofrênicos –, Harold Searles é autor de um livro, *O esforço para enlouquecer o outro*, que obteve grande sucesso. "Qualquer um tem a capacidade de enlouquecer o outro", escreveu. É uma ideia sedutora: se temos a capacidade de enlouquecer o outro, é porque a loucura não existe em si. De certa forma, a afirmação de Searles suprime a patologia mental... O que é um alívio para todos aqueles que se veem confrontados com ela e para quem ela é incompreensível sob muitos aspectos. Salvo que, na realidade, as coisas são bem menos simples. Sabe-se hoje, graças sobretudo aos progressos das neurociências, que os distúrbios psíquicos têm uma origem multifatorial: biológica, psicológica e ambiental, designada pelo termo "biopsicossocial". Pode existir, portanto, uma vulnerabilidade familiar que predisponha para esta ou aquela doença, o que não significa que se tenha conseguido isolar o gene da esquizofrenia ou do autismo, por exemplo, nem que essas doenças sejam hereditárias. Mas o componente genético é real, ainda que venha a ser reforçado ou, ao contrário, atenuado por fatores psicológicos e fatores ambientais.

É fácil imaginar quanto essa visão das coisas aliviou os pais. A culpa que lhes punham nas costas tinha um efeito devastador na relação com o filho, criança ou adolescente, acentuando ou agravando o sintoma. Porque é inevitável que este último se acuse por essa culpa, se sinta responsável em grande medida pela fragilidade parental. Por isso parece-me que desculpabilizar uns seja um meio de tratar o outro, ao menos de cuidar da relação. Na condição de psiquiatra, repito, preciso que os pais sejam meus aliados. Mas não aliados quaisquer: aliados dinâmicos, confiantes, seguros na medida do possível, e não arrasados, esmagados sob um peso que os faz duvidar de tudo e, sobretudo, deles mesmos vivendo a si próprios como maus, nocivos. Livres do peso dessa culpa, podem por fim reinvestir o filho e ser parte envolvida no tratamento. Recuperam a reserva de esperança necessária para acompanhar e apoiar seu adolescente. Já não vivem a si próprios como onipotentes a despeito de si mesmos, sabem que não podem tudo, o que, por si só, já torna seu adolescente mais autônomo em relação a eles. E olham para o psiquiatra com menos desconfiança.

Dá para imaginar quanto a aliança terapêutica pode ser prejudicada caso, logo de início, os pais sejam mantidos afastados e, por exemplo, impedidos de ver o filho adolescente durante os primeiros tempos da internação. Não adianta explicar-lhes que não é porque seriam patogênicos, mas porque o método é duro em sua radicalidade e os coloca necessariamente em questão.

Na aliança, na adesão e na parceria com os pais o psiquiatra tem tudo a ganhar, bem mais do que com o distanciamento, a ignorância e a culpabilização implícita. Ele deixa de ocupar o lugar deles, de ser suspeito de querer substituí-los. Deixa de se pôr numa posição de onipotência – aquele que sabe e que vai curar.

Quando uma jovem anoréxica teve uma recaída pouco tempo depois de sua saída da Maison de Solenn, senti-me inquieto, preocupado, descontente. Seu pai terá percebido? Deu um tapinha no meu ombro e disse: "Aguente firme, vai dar tudo certo…" Estávamos, ele e eu, em pé de igualdade. Íamos continuar a trabalhar e a ter esperanças, juntos. (Ela está fora do hospital agora, curada!)

Contextos mais sensíveis

O começo da entrevista com Marine foi difícil: assim que me dirigi a ela, caiu em prantos e não conseguia dizer nada. Sua mãe me explicou que era assim fazia algum tempo e que, quando se falava com a filha num certo tom, ela se fragilizava e ficava transtornado. Foi ela, portanto, quem tomou a palavra e me contou que, pouco tempo antes, dois dias depois da morte da mulher, o avô paterno se suicidou com dois tiros de fuzil, um no abdômen, outro no peito. Disse que seu marido decerto teria dificuldade para se recuperar daquelas duas mortes, o que provocou uma reação exasperada de Marine: "Mas por que você não para de falar nisso?" Eu lhe disse que ela tinha e não tinha razão de dizer aquilo. Falar frequentemente "nisso" a fragilizava, e não se deve cair numa repetição melancólica, mas é impossível deixar de falar só para protegê-la, seria mais nocivo ainda.

Contudo, o relato das desgraças não parou por aí. A mãe passou a evocar a tentativa de suicídio da própria mãe e a morte por septicemia da avó, depois de um aborto à moda antiga. O pai veio completar o quadro falando do câncer de ovário da irmã, assassino silencioso que se revelou, por meio de metástases, tarde demais para que houvesse alguma esperança de cura.

Por todos os lados, Marine está cercada pela morte. Vê a si mesma proveniente de uma linhagem de suicidas e de doentes e, quase que inevitavelmente, pensa que não poderá escapar da repetição. Como numa tragédia grega, imagina um destino fatal, uma maldição que pesaria sobre a sua família há muitos lustros e que condenaria um de seus membros, em cada geração, a pagar por um pecado original cometido não se sabe por quem.

A dificuldade para Marine consistiu em transpor esse destino familiar marcado pelo selo da morte, em não se deixar aprisionar em identificações mortíferas que a poriam em perigo. Ansiosa de nascença, ficava ainda mais fragilizada por seu meio. Paradoxalmente, sua história me tranquilizou no que diz respeito a sua estrutura: Marine tinha motivos para se sentir ameaçada, mas o tempo certamente iria apaziguar sua tristeza e lhe devolver a autoconfiança que os sucessivos lutos abalaram. É preciso reconhecer que existem vidas e contextos mais difíceis que outros. Não é culpa de ninguém, culpa apenas do acaso, das coincidências. Nesses casos, porém, é raro escapar ao temor irracional de uma repetição que geralmente não ocorrerá.

Corinne tem 17 anos e é bulímica. Tem crises de empanturramento, quando engole tudo e mais um pouco, o essencial sendo se empanzinar. Mas não engorda, pois provoca imediatamente o vômito, presa de asco de si mesma. Pede para ser internada porque diz não conseguir se livrar daquilo, que seus pais não conseguem ajudá-la e, ainda que fechassem a chave todos os alimentos, ela iria à mercearia ao lado ou a outro lugar para poder satisfazer sua compulsão bulímica.

Aceito seu pedido. Mas, embora Corinne se revele uma paciente agradável, sempre pronta a ajudar tanto seus pares quanto os terapeutas, continua se empanturrando, pegando os restos no refeitório, roubando os pedaços de pão dos vizinhos e, logo depois, provocando o vômito. Geralmente disposta a falar durante os grupos terapêuticos, aparece certa manhã muito apagada e, no final da reunião, me confessa que está se sentindo mal. Quando subo para vê-la à tarde, ela não melhorou: diz que não consegue, que as coisas vão indo de mal a pior e que no fim de semana, quando volta para casa, perde as estribeiras, come e vomita cada vez mais. Conta-me também que tem ideias sombrias, às vezes gostaria que tudo aquilo tivesse fim.

Já que fracassamos, proponho-me a dispensá-la imediatamente, nesse dia mesmo, pois sua internação está apenas agravando visivelmente uma depressão subjacente. A mãe é convocada, mas não vê motivo de urgência: Corinne pode perfeitamente sair no dia seguinte... Fico surpreso com sua reação, mas o psiquiatra que acompanha a garota está de acordo com ela. Quando retorna à consulta, um mês depois, Corinne parece melhor. Conta, aliás, que está vomitando menos, consegue limitar seus ataques bulímicos, em parte graças à mãe, que providenciou cardápios equilibrados que compartilha com a filha. Coisa que a mãe confirma acrescentando: "O problema é que funciona mais para mim do que para ela..."

Pela segunda vez a atitude dessa mulher me intriga. É o suficiente para que eu arrisque uma pergunta: "A senhora foi bulímica?" Ela hesita um instante antes de reconhecer que também atravessou um período de bulimia, de que até então nunca falou para a filha nem para o marido.

Isso não significa de modo nenhum que a mãe seja responsável pela bulimia da filha. Mas, de maneira totalmente inconsciente, esta reproduz um esquema materno sobre o qual, contudo, ela ignorava tudo. É frequente o caso do que se chama transmissão de inconsciente para inconsciente: muitas vezes por medo de transmitir um sintoma que lhe foi próprio, o pai ou a mãe escolhe não dizer nada. Paradoxalmente, contudo, e à sua revelia, corre o risco de adotar atitudes e discursos singulares, muitas vezes contraditórios e incompreensíveis, que o adolescente vai interrogar a seu modo, retomando esse sintoma sem querer, justamente por identificação inconsciente.

Essas duas histórias servem para mostrar que os distúrbios psíquicos não são geneticamente transmissíveis. É mais adequado falar de terreno familiar: a fragilidade existe, mas não é uma fatalidade. O papel do psiquiatra é ajudar a entender por quê, numa mesma família, alguns vão desenvolver um distúrbio enquanto outros escaparão. Nesses casos é preciso se afastar da história familiar comum e se interessar pela história singular do sujeito.

"Sobreviver"

Grupo de pais, uma noite de inverno. Entre eles, o pai de uma anoréxica, que acabou de ter uma recaída, repete que gostaria de conhecer as causas da doença da filha. Por mais que eu diga que não posso identificar uma única causa que explique tudo, ele insiste: "Mas precisamos saber, nem que seja para manter nosso papel de pais..." Ao que lhe respondo: "Seu único papel é ser torcedor de sua filha."

Torcedor, no sentido esportivo do termo. O torcedor do XV de France (ou da Squadra Azzurra italiana, não posso negar minhas origens) apoia seu time, aconteça o que acontecer. Pode vaiá-lo quando joga mal e erra cinco chutes seguidos, pode até aplaudir seus adversários, mas arruma desculpas para ele, chega até a usar de hipocrisia para justificar seu péssimo desempenho, porque continua achando que seu time é o melhor e que ganhará a próxima partida.

Os pais têm de ser torcedores do filho adolescente, dar-lhe seu apoio incontestável, nem que seja porque os distúrbios de expressão da afetividade, os comportamentos de risco, as passagens de conflito com a lei, os ataques a si próprios podem ser totalmente temporários. Não há linearidade entre os distúrbios que um adolescente desenvolve numa certa idade e o que ele virá a ser mais tarde. Mas é preciso não abandoná-lo, não se desesperar. Talvez não haja "cura", mas geralmente há melhora, atenuação, sejam quais forem as patologias. É possível ter vários surtos delirantes e não ser esquizofrênico; é possível passar por um episódio anoréxico, ainda que severo, e recuperar uma relação satisfatória com o alimento; a pessoa pode se cortar, fazer uma tentativa de suicídio e isso não se repetir... Enquanto isso, os pais devem aguentar firme, "sobreviver", segundo as palavras tão apropriadas de Winnicott, mas mantendo pelo filho um apego afetivo ainda maior por ele estar em dificuldades e uma esperança que lhes permita nunca abandonar o jogo, deixando o adolescente numa solidão insuportável.

Essa melhora pode ser fonte de mal-entendidos entre os pais e o psiquiatra, porque não temos a mesma esperança. Às vezes me satisfaço com certos progressos que parecem muito medíocres e relativos para os pais. Para dar um exemplo banal: 44% das consultas de psiquiatria infantil em período de latência (6-12 anos) concernem ao fracasso escolar, ou seja, quase a metade das consultas. Os pais sempre querem que o filho seja bem-sucedido. Para o psiquiatra, em contrapartida, o sucesso não se mede por notas e médias; às vezes, ele se contenta com o fato de a criança, apesar das capacidades um pouco reduzidas, tolerar melhor as dificuldades, não se sentir atacada em sua autoestima, não ter comportamentos agressivos em relação aos outros ou a si mesma.

Não há dúvida de que os pais têm dificuldade de deixar de negar o problema quando ele existe. Cabe ao psiquiatra acompanhá-los para ajudá-los a aceitar a realidade, tomando o cuidado de não atacar a reserva de esperança deles, porque ela é essencial para o filho, como uma espécie de esteio no qual ele pode se apoiar e que lhe permite nunca se sentir abandonado. Também o psiquiatra tem de ser torcedor do adolescente, mas, devido à posição que ocupa, é um torcedor bem menos afetivo. Assim, minha esperança pode variar com a compreensão que vai se afinando no transcurso do acompanhamento terapêutico, o que me leva a modificar meus objetivos e minhas expectativas: tratar às vezes pelo excesso, às vezes sendo mais modesto, porque o excesso pode ir de encontro à melhora do sujeito que não consegue acompanhar. Essas variações são, vez ou outra, fonte de tensão entre os pais e mim: eles querem que o filho sare, volte a ser "como antes"... Nem sempre é o que acontece ou, em geral, isso exige tempo. E devemos levar em conta o sofrimento deles e tentar diminuí-lo.

Nem rigidez, nem cumplicidade grande demais

É a segunda vez que o atendo. Damien tem 17 anos, não faz nada na escola, mata aula sempre que pode, fuma haxixe regularmente, já não suporta o pai nem a mãe, que ele enfrenta opondo-lhes seu mutismo e sua passividade. Nesse dia, enquanto os pais falam, Damien ilustra as palavras deles ficando de olhos baixos contemplando seus tênis, cara fechada, afundado mais do que sentado na cadeira, sem fazer nenhum comentário sobre o que eles dizem, como se tudo lhe fosse indiferente, não lhe dissesse respeito. É evidente que as relações entre eles não melhoraram.

Num primeiro momento, peço-lhe que saia. Os pais se queixam de sua atitude, deploram seus resultados escolares cada vez mais catastróficos, que já ameaçam a conclusão do ensino médio, e suas repetidas saídas noturnas, uma das quais terminou recentemente na delegacia, porque Damien foi parado em sua motoneta em estado de embriaguez depois de ter evitado um acidente por um triz. Queixam-se também da ausência de comunicação entre eles, da maneira como ele os rejeita o tempo todo, seja qual for o assunto em questão.

Num segundo momento, fico sozinho com Damien. O adolescente se endireita um pouco para me dizer exatamente o contrário do que acabo de ouvir: seus resultados vêm melhorando, está fumando menos e, não, não está bebendo, ou só um pouco. Seus pais pegam no pé dele, só se interessam pela sua vida escolar. Em todo caso, uma coisa é certa, se ele voltar a me consultar é porque eles insistiram; ele acha que não tem motivo para ir ao psiquiatra, está bem, quer que o deixem em paz. Mas ele tem consciência de que está sabotando sua vida escolar? Reconhece que "marcou bobeira um pouco", mas agora entendeu, não quer repetir o ano. Promete que vai se esforçar nesse campo, quer passar o *bac*, condição *sine qua non* que seus pais impuseram para que em seguida possa se dedicar à música, conforme deseja.

Quando os pais voltam à sala, Damien se afunda de novo na cadeira. Não se digna a olhar para eles, não lhes dirige a palavra, limitando-se a pontuar cada uma de suas frases com um "você é um porre", que estranhamente faz eco a suas bebedeiras noturnas*. Contudo, apesar do que ele diz, seus pais sem dúvida não são um porre suficiente, uma vez que ele tem necessidade de se embebedar em outros lugares...

No final da consulta, proponho um acompanhamento por um psicoterapeuta e tranquilizo os pais: fiquem sossegados, tudo vai dar certo, confio em Damien, que se comprometeu a se esforçar.

Na soleira da porta, o pai se volta. "Sabe, em política costuma-se dizer que existe a França de cima e a França de baixo. A primeira decide, arbitra, e a segunda sai para a labuta todas as manhãs. Tenho a impressão de que você é a França de cima, mas, enquanto isso, nós damos o duro..."

Não há nenhuma agressividade em suas palavras, mas, a seu modo, aquele homem me diz que eu talvez não tenha entendido tudo, que pelo menos avaliei mal o estado de esgotamento e desânimo deles, e recrimina em mim o que entende ser leviandade. Eis que fui pego em flagrante delito de otimismo. Mas será que tenho outra escolha?

Damien sem dúvida está atravessando um período difícil que se traduz por um desinvestimento e comportamentos de risco. Convém ficar atento, propor-lhe um apoio psicoterápico, contanto que os pais se resguardem e, na medida do possível, não se deixem ferir pela atitude do filho com eles. Atitude

· · · · · · · · ·

* No original "tu me soûles", literalmente: "você me embebeda". [N. da T.]

"normal", lembremos, o adolescente atacando os pais com tanto mais agressividade quanto mais dependente se sinta deles e não consiga se desligar; adota, então, comportamentos exagerados, que seriam supostamente manifestações de sua autonomia, quando, de maneira totalmente inconsciente, não faz mais que manter e reforçar o vínculo, ainda que insatisfatório. Essa atitude não é patológica em si mesma; no entanto, ela comporta um risco: de que o adolescente, movido pelo desejo de fazer os pais sofrerem, não perceba que está atacando sobretudo a si mesmo.

Cabe indagar aqui sobre o êxito da psiquiatria infantil, mas também sobre as expectativas que os pais depositam nela. Tudo começou com alguns especialistas em primeira infância que afirmaram, numa certa época, que "tudo se decide antes dos 6 anos". A declaração tinha o mérito de insistir na importância dos primeiros anos e até dos primeiros meses, por muito tempo considerados insignificantes; mas dava a entender que, depois dessa idade, nada mais pode mudar. Daí nasceu uma admiração pela psiquiatria infantil que, desfazendo os eventuais traumas, garantiria um futuro sereno. Sinal dos tempos, pois: trinta anos atrás os pais vinham consultar por indicação do clínico geral, agora tomam essa decisão sozinhos e independentemente de sua extração social. Com as crianças e adolescentes, portanto, vemos multiplicarem-se as primeiras consultas, espontâneas, muitas delas preventivas. Como se pudesse haver, de certo modo, uma vacinação psicológica. Como se os pais, conscientes de que não podem controlar nem seus genes nem sua hereditariedade, quisessem controlar o devir psíquico de seu filho e sua boa evolução. Como se, por vezes, contassem com o psiquiatra para se livrar de um problema que os atrapalha...

Sou a favor dessas consultas, pois acredito que, mediante uma intervenção precoce, seja possível diminuir a expressão de certas vulnerabilidades. A prevenção não é uma palavra vazia, mas é preciso reconhecer que, em certos casos, essa consulta não servirá para nada. Nem toda dificuldade necessita de um tratamento psiquiátrico. E a adolescência não é uma doença. É um longo processo de aquisição de autonomia, que raramente ocorre sem choques, quedas de rendimento, desinvestimentos, hostilidade, provocação. É excepcional ela se desenrolar de forma linear, seguindo uma curva de crescimento ininterrupta – aliás, seria isso desejável? A adolescência é antes marcada por idas e vindas, avanços, paradas, regressões. A regressão, em si, não é dramática; pode permitir que o adolescente encontre uma segurança de que necessita e que o ajudará a avançar novamente sobre bases mais seguras. O papel dos pais, portanto, é continuarem a ser torcedores, aceitando que o filho adolescente fique um pouco aquém de suas possibilidades, mas certos de que se trata de uma fase.

Costumo dizer que temos os adolescentes que merecemos e que os pais de hoje fizeram muitos progressos em comparação com os de ontem. Compreensivos, atentos, têm também os defeitos de suas qualidades. Querem sempre entender, demais, perdendo de vista que a adolescência é um tempo de segredo, um jogo de esconde-esconde consigo mesmo e com os outros, durante o qual o que menos se quer é ser entendido, porque isso equivale a ser descoberto e exposto.

Antigamente era fácil, porque não havia nenhuma permeabilidade entre os pais e os adolescentes, cada um ficava no seu lugar, os primeiros eram velhos e não tinham nada a ver com o mundo dos segundos, cujas "crises" permaneciam secretas, transcorriam em silêncio, longe dos olhares. Hoje, os pais permanecem jovens para sempre, é como se nunca fossem terminar a própria adolescência. Consideram os filhos seus iguais, esquecendo que eles ainda estão em transformação, em construção. O maior erro que cometem é acreditar que os filhos são grandes e autônomos, ao passo que eles precisam mais que nunca das figuras parentais fortes e firmes.

Antes, era preciso romper com pais que não entendiam nada e impediam um futuro glorioso; hoje, os jovens se apegam por um pouco mais de tempo a pais compreensivos e cúmplices, para retardar a entrada num futuro que muitos predizem sombrio e que, por isso, é difícil de imaginar. A relação é feita de proximidade, às vezes de cumplicidade, muitas vezes erotizada, cada qual precisando do amor e do reconhecimento do outro. Assim, apesar de tudo o que faz para demonstrar o contrário, o adolescente quer agradar... mas agora pelo negativo: quanto mais ele é negativo, mais provoca a emoção, afasta-se da criança que foi e que satisfazia as expectativas dos pais. Mais busca a confirmação de que eles continuam a amá-lo apesar de tudo.

Em vez de ficar procurando explicações para as condutas do filho adolescente, os pais fariam melhor em descobrir por que esses excessos repercutem tanto neles, por que aceitam servir, de certo modo, de caixa de ressonância para o filho. Ser torcedor não supõe apoiar qualquer coisa. Os pais devem ser capazes de se mostrar coerentes, radicais se for o caso e suficientemente autônomos para não buscar incessantemente o assentimento do adolescente. Se este os ataca, é para evitar pensar sobre si mesmo: colocar-lhe limites é, portanto, um meio de devolvê-lo ao seu próprio questionamento, diferente do deles. Sentirem-se atacados, dizer que o adolescente faz "burrices" é não entender sua impossibilidade de ser ele mesmo e de se conter, sua dificuldade de ser ele mesmo coerente com um mundo que lhe escapa. Entre a rigidez, que provoca a oposição, e a cumplicidade quase demagógica, que suscita exageros e provocações, os pais avançam por um caminho estreito que nunca é totalmente tranquilo. Como conservar dentro de si resquícios de adolescência para às vezes estar em empatia, sem deixar de se afirmar como adultos, para marcar claramente a diferença entre as gerações? Tanto para os pais como para o filho, a adolescência é uma passagem difícil.

*Sim para a distância,
não para a parentetomia!*

Os pais são indispensáveis para o adolescente, nem que seja para servirem de saco de pancada. O jovem tem uma necessidade quase vital de se rebelar, de criticá-los, de detestá-los, de acusá-los de tudo e mais um pouco. A oposição sistemática, sua atitude provocativa em relação aos pais são sinal do interesse que ainda tem por eles, e da sua dependência com relação a eles, dependência que ele tem dificuldade de reconhecer porque ela não corresponde à imagem que gostaria de transmitir de si mesmo.

Diante de sua agressividade, os pais devem aguentar firme e se esforçar para encontrar a tal "distância correta", que nunca é fixa. Precisam se adaptar o tempo todo, às vezes ser mais próximos, mais continentes, outras vezes, ao contrário, mais distantes, a fim de responder da forma mais adequada ao que o adolescente pede, mais por seus comportamentos do que por palavras. O essencial, contudo, é que os pais estejam ali, sempre presentes, e conscientes de que, apesar das aparências, ele os ama.

Tenho tanta certeza disso que não acredito que a separação seja necessária por princípio. Em algumas patologias, sobretudo a anorexia, houve um tempo em que os psiquiatras consideravam que parte do tratamento consistia em proibir qualquer contato da jovem com seus pais por um certo período. Embora essa prática perdure aqui e ali, na Maison de Solenn as coisas ocorrem de modo totalmente diferente. Nada de parentetomia! A separação brutal, imposta, pode mostrar-se mais deletéria do que benéfica, motivo pelo qual, em algumas oportunidades, chegamos a internar a adolescente junto com a mãe, por exemplo. A internação em si já representa um distanciamento, permite respirar, deixar de viver apenas sob o olhar dos pais e, em muitos casos, isso basta para acalmar as relações. Contudo, cada paciente chega com uma história familiar singular; também o psiquiatra tem de se adaptar e, escutando cada um com suas possibilidades, encontrar em cada ocasião a solução apropriada.

Annabelle, 17 anos, já passou por várias internações, pois seu distúrbio alimentar começou cedo, quando ela tinha apenas 12 anos. Como acontece com muita frequência nessas formas precoces, muito estênicas[1], as recaídas são frequentes. Annabelle tem uma espécie de obsessão: afirma com veemência que nunca terá filhos, não por causa das consequências fisiológicas de sua doença, mas porque não quer uma gravidez que lhe venha lembrar seu corpo, que ela nega por todos os meios.

No começo de sua estada, veio me procurar com uma demanda surpreendente. "Por favor, faça com que minha mãe não venha pelo menos por quinze dias. Diga que você não quer..." Retruquei: "Aqui os pais são sempre bem-vindos." Mas Annabelle insistiu: "Meu pai, tudo bem, mas não minha mãe; ela vai chorar quando me vir, isso vai me fazer chorar e, por isso, ela vai querer que eu saia daqui alegando que estou infeliz..."

Essa adolescente revelava uma bela lucidez e certa coragem. Sentia a fragilidade materna, conhecia a sua própria, sabia que suas respectivas fragilidades se potencializavam; pro-

• • • • • • • •

1. Muito ativas, no plano intelectual e físico, em contraposição às formas depressivas.

curava sair de um funcionamento cujos limites ela começava a perceber, mas não queria que a mãe se sentisse atacada.

O desejo de Annabelle era respeitável e compreensível, e tive de acatar seu pedido. Ela precisava de um pouco de tempo para sentir-se mais forte, sem dúvida queria provar a si mesma que podia prescindir daquela mãe tão próxima.

Muito rapidamente, contudo, Annabelle aceitou receber suas visitas sem se sentir em perigo por sua solicitude. Conseguiu encontrar nos adultos da equipe de terapeutas um apoio que lhe permitiu recuperar um pouco de autoconfiança.

Quando o adolescente determina o tempo

Os pais de Aurélie se separaram quando ela tinha 8 anos. O divórcio foi tumultuado, mas, apesar de seus conflitos pessoais, conseguiram chegar a um acordo sobre o princípio de guarda alternada. Passaram-se, assim, sete anos durante os quais Aurélie morou ora na casa de um, ora na casa do outro, sendo que nenhum dos dois refez sua vida conjugal.

Embora com a passagem dos anos desde a separação eles não tenham resolvido seus respectivos rancores, ainda assim eles vieram juntos à consulta. Aurélie lhes pedia para ir para um internato e eles não entendiam por quê. Desesperados, falavam ao menos uma vez em uníssono: "Então, ela não gosta de ninguém!"

Sozinha comigo, Aurélie explicou: ela não aguentava mais, seus pais não desgrudavam, ela precisava ficar sozinha e estável. No momento, tinha a impressão de formar alternadamente um casal com o pai e com a mãe. Não me pediu nada além de confirmar uma escolha que, para ela, era óbvia.

Há especialistas para os quais o internato é a solução ideal, nesse período, para resolver os conflitos entre pais e filhos e possibilitar que cada um (re)encontre seu próprio lugar. Contudo, é enganoso dizer que isso seria uma panaceia. O internato só será útil e benéfico se vier responder a um anseio do adolescente, ou se este aderir à proposta que lhe é feita. Caso contrário, como se sabe, é vivido como uma punição, o distanciamento é entendido como indiferença ou, pior ainda, como uma vontade parental de se livrar do filho que os atrapalha. Nesse caso, a melhora esperada raramente se confirma, e os comportamentos, as atitudes persistem ou, até, se reforçam. A volta para casa fica ainda mais difícil, as relações se envenenam cada vez mais e o adolescente rancoroso vê-se pouco inclinado a perdoar um abandono que intensificou seu sofrimento e sua fragilidade.

Na história de Aurélie, são os pais que se sentem abandonados ante a ideia de que ela possa se afastar. Tomados pela culpa da separação e do sofrimento que possam ter causado à filha, cada um deles fez desta última o centro de sua vida. Aurélie suportou a situação durante a infância – embora seja possível pensar que, já naquele momento, ela começava a perceber seus limites –, mas na adolescência ela ficou literalmente sufocada. Agora precisa de um tempo para si, o que seus pais entendem equivocadamente como uma rejeição. Eles devem compreender que, ao contrário do que ocorria antes, já não lhes cabe determinar o tempo da relação.

Melhor o conflito que o desprezo

Uma mulher chega à consulta sozinha, porque o filho não quis vir. Diz ter muitos problemas com ele, mas fala sobretudo de si mesma, contando uma história de sofrimento sem fim. A mãe que batia nela regularmente diante do pai, que não intervinha e sempre se calava. Uma juventude um pouco isolada, sem muita alegria. Estudos pouco definidos e realizados sem convicção antes de encontrar um emprego de secretária. Uma grande solidão afetiva e, então, por volta dos trinta anos, tentativas de encontros por meio do Minitel já que, na época, a internet ainda não era um local de encontros privilegiado. Graças a isso, uma aventura com um jovem de não mais de vinte anos, aventura relâmpago à qual põe fim quando descobre estar grávida. Não conta nada para o pai, de quem, afirma ela com uma ponta de provocação, esquece até o nome. Não contará nada disso ao filho, que, no entanto, ela adora, lembrança daquele relacionamento terno que, durante alguns dias, veio fremir sua solidão. Diz também ter "dificuldades com sua feminilidade", que não consegue ter relações amorosas ou mesmo de amizade, que tem crises de bulimia...

Finalmente a interrompo: "Você queria me falar de seu filho?" Marcel tem 19 anos, está iniciando estudos de filosofia, faz música com seu melhor amigo, Alain, de quem é inseparável. Solto um "Então está tudo bem..." tranquilo, achando que ela se enganou de endereço: não é o filho que precisa de um tratamento, mas ela mesma. Não, diz ela, não está bem, porque Marcel não fala. Nunca. Segundo ela, faz quase dois anos que, em casa, ele não abre a boca. Apesar de suas tentativas, a cada vez ele lhe opõe um muro de silêncio, não se dignando nem a emitir algum borborismo de protesto.

Marcel não sofre de uma incapacidade de falar; seu mutismo seletivo é um ato voluntário, e, pelo relato daquela mulher, sinto que, para ele, trata-se de uma forma de se proteger da fragilidade que percebe na mãe, de mantê-la a distância, evitando tanto o conflito quanto a conivência, de impedir qualquer relação. Ou seja, o mutismo de Marcel é de uma agressividade louca: ele anula sua mãe enquanto ser comunicante, o que é uma maneira de negar sua existência e de matá-la. Poder-se-ia dizer que se trata de um matricídio pela não linguagem.

Marcel não está doente, ele precisa encontrar exutórios para sua agressividade e para o sofrimento que ela encobre, e meios para exprimi-la, como o psicodrama ou o teatro. Precisa encontrar as palavras para dizer o que sente em relação a ela em vez de calá-lo e, por fim, de negá-lo. Imaginem o que aconteceria se algo acontecesse à sua mãe. Ficaria num tal estado de culpa que correria o risco de voltar sua agressividade contra si mesmo. Privado do objeto de seu ódio, ficaria sem defesa.

Ser filho, seja qual for a idade, é amar os pais, ainda que haja muita ambivalência nesse amor. Nós os amamos cegamente na infância; por vezes acreditamos detestá-los na adolescência, porque eles nos decepcionam e provocam uma desilusão; tornamo-nos adultos no dia em que conseguimos criticá-los sem os rejeitar (exceto em casos particulares, o incesto por exemplo), amá-los apesar de seus defeitos, de seus erros, de suas fraquezas. Na adolescência, soa a hora do "acerto de contas", e o pai ou a mãe não pode se esquivar disso.

4. Os transtornos alimentares

Transtornos característicos da adolescência, anorexia e bulimia estão entre os mais disseminados. Distinguem-se várias formas de anorexia: uma em que a jovem mal se nutre, outra – dita mista, ou "anorexia bulímica" – em que o controle do peso se faz por meio de vômitos provocados e/ou ingestão de laxantes e diuréticos. Diz-se que a anorexia é uma adição à sensação de fome; a bulimia seria uma adição aos alimentos, sempre absorvidos em quantidade excessiva, por crises que respondem a uma necessidade compulsiva e incontrolável de se empanturrar, literalmente.

Se, numa sociedade que faz da magreza uma virtude cardeal, as gordas provocam asco, as anoréxicas fascinam e ao mesmo tempo revoltam. Como é possível que moças que, como se diz, "têm tudo" possam se estragar a tal ponto enquanto outras, por outro lado, morrem de fome?

Em defesa de um tratamento multidisciplinar

Quando a conheci, ela era de uma magreza assustadora, pesando pouco mais de 30 quilos. Para se alimentar, comia quase exclusivamente maçãs e depois, achando que ainda era demais, começou a descascá-las, limitando-se a coar a casca e pô-la no chá, afirmando que obtinha assim a ração necessária de glicídios. O que mais gostava era de ir à praia, e surpreendia-me que pudesse exibir aquele corpo esquelético; eu não tinha entendido que ela não o via, assim como não via os olhares que lhe eram dirigidos. Seu maior prazer consistia em deitar na areia, expor-se ao sol fazendo pouco do risco de desidratação dada a fragilidade de seu organismo e de suas defesas imunitárias. Quando tentei lhe explicar que ela se punha em perigo, deu-me esta resposta espantosa: "Mantenho os olhos entreabertos e fico olhando para os rochedos. Gosto de imaginar que um dia poderei me introduzir por uma daquelas fendas minúsculas que existem entre dois..." Exprimindo sem se dar conta sua recusa da feminilidade e de suas formas, sonhava-se um mineral, a pedra substituindo a carne, a dureza e a rigidez substituindo as curvas e a sensualidade.

Foi no entanto o sol, tão potencialmente perigoso, que permitiu, de maneira um pouco surpreendente, uma tomada de consciência. Bronzeada, quase torrada, viu-se de repente com uma pele fissurada e uma penugem loira, que o bronzeamente sublinhava ainda mais, e teve, disse ela, a impressão de ter-se transformado num horrível animal mitológico ou num personagem felliniano. Essa visão de si mesma provocou sua fúria, sua repugnância. Já não suportava sua aparência. "Sou um osso pelado e com pelos", resumiu ela um dia, indicando que finalmente percebia sua extrema magreza.

Acompanhei-a por muito tempo antes de perdê-la de vista; tive notícias dela por acaso, há pouco tempo, mas eu não a tinha esquecido: foi a primeira anoréxica que atendi.

Eu a atendia duas ou três vezes por semana, ingenuamente convencido de que, graças apenas às sessões, ela acabaria recuperando uma relação normal com o alimento. Combatente, eu queria atacar seu sintoma a todo custo; por não perceber a amplidão da sua recusa da realidade, esperava que ela chegasse a ter uma posição crítica quanto ao seu estado e a si mesma. À sua vontade de controle, eu contrapunha minha vontade de curar... Mas, como seu estado de saúde permitia, eu evitava uma internação que ela recusava e contra a qual, na época, eu me opunha terminantemente. Com o isolamento obrigatório e o contrato de ganho de peso, a internação me parecia, com efeito, um encarceramento, a representação cabal da agressividade psiquiátrica contra a anorexia.

Quando a Maison de Solenn abriu suas portas em novembro de 2004, das 800 consultas registradas no primeiro mês, 42% estavam relacionadas com transtornos alimentares. A possibilidade de internação tornou-se efetiva algumas semanas depois e, para cada 20 leitos com que contava o serviço, oito lhes eram reservados.

Minha determinação em curar a anorexia não enfraqueceu desde meu início; em contraposição, minha posição sobre o tratamento é muito diferente, e tornei-me favorável à internação. É uma maneira de dizer à adolescente que já não somos cúmplices, que já não vamos deixá-la sozinha com seu transtorno, mas, ao contrário, vamos tratar dele de modo multidisciplinar. Com efeito, a anorexia não é apenas da alçada do psiquiatra; merece um tratamento global por um psicoterapeuta, um endocrinologista, um nutricionista, um pediatra, o médico de família, mobilizados para avaliar o estado da adolescente de um ponto de vista psíquico e fisiológico.

No entanto, continuo resolutamente contrário a todo contrato de ganho de peso tal como praticado por alguns serviços. "Você terá direito de telefonar quando tiver ganhado um quilo..." "Você poderá receber visitas quando tiver ganhado dois..." Vejo nisso uma forma de chantagem de uma agressividade inaudita, pois é uma maneira de dizer: "Se você quiser comer, só depende de você", dando a entender à anoréxica que basta um pouco de boa vontade para sair de seu estado. Está implícita a ideia de que ela é responsável por sua doença e a domina totalmente. Ora, a vontade evidentemente não tem nada a ver com isso, pois o transtorno alimentar obedece a mecanismos inconscientes.

Em contrapartida, tornei-me favorável à alimentação por sonda, também chamada bomba de nutrição. Parece-me que esse período de nutrição forçada permite ganhar tempo: diminui o período de internação e, mais que os antidepressivos que costumam ser prescritos, contribui para evitar a apatia e o embotamento. Em certo sentido, as anoréxicas ganham peso contra a vontade, permanecendo fiéis à sua anorexia.

Por uma internação à la carte

Ela tem só 20 anos, pesa 38 quilos e tem 1,76 metro de altura. Vem sendo tratada há dois anos, mas reconhece que não consegue se livrar de sua anorexia. Cursa o segundo ano de uma escola de comércio, atualmente está em pleno período de preparação para os exames, com intensa esperança de ser aprovada. Fala com desenvoltura, às vezes com um pouco de precipitação, não me dando muita chance de intervir. Depois, de repente, cai em prantos. Esse desespero, que ela mascarava com sua vivacidade e sua inteligência, leva-me a lhe propor uma internação. Ela então enxuga as lágrimas e despeja sua agressividade contra mim, tratando-me de pobre retórico que não entende nada. Como nada posso fazer contra a sua vontade, digo-lhe que é melhor encerrarmos a conversa e a convenço a prosseguir o tratamento iniciado dois anos antes.

Contudo, no dia seguinte ela me manda um e-mail começando com as seguintes palavras: "Senhor retórico...", mas pede para me encontrar com urgência. Atendo-a, e a mesma conversa se repete: quero interná-la, ela me acusa de querer fazê-la fracassar nos exames. Confesso que não tenho saída. Sem argumentos, sugiro-lhe que poderíamos pensar numa internação em tempo parcial, no fim de semana, por exemplo, para que ela possa continuar assistindo às aulas. Embora aferrada à sua recusa, para minha grande surpresa ela aceita essa solução totalmente improvisada. Dois meses depois, ela já ganhara mais de 4 quilos.

Quanto mais avanço, mais acredito que o hospital deve se adaptar aos adolescentes, a seus ritmos, a suas exigências. A rigidez é ineficaz e devemos demonstrar adaptabilidade, para não deparar com uma oposição maciça que sempre acaba sendo um freio ao tratamento. A adesão do(a) adolescente ao tratamento é um trunfo suplementar para uma evolução favorável. Chego até a considerar – por que não? – a internação em domicílio (HAD*) para anoréxicas gravemente doentes, cuja sonda seria instalada na casa de seus pais. Seria um escárnio para todos aqueles que veem na separação da família um dos elementos essenciais do tratamento. Em todo caso, é uma experiência que merece ser tentada.

. . . .

* Sigla em francês: hospitalization à domicile. [N. da T.]

Uma psicose monossintomática

No nosso primeiro encontro, Jean, 15 anos, padecia de uma anorexia gravíssima que resistia a toda psicoterapia. Tinha uma mãe de formas voluptuosas, com quem tinha uma relação erotizada a ponto de dormir na cama dela, alegando que isso o tranquilizava. Com o pai, à beira da obesidade, a relação era mais difícil: Jean pedia-lhe incessantemente que fosse comprar doces, desejo a que o pai respondia prontamente; no entanto, assim que os doces chegavam, o garoto virava o rosto explicando que tinha se enganado: tinha achado que estava com fome, mas não, sentia enjoo só de olhar para os doces. Desse modo, Jean manipulava os pais, que se submetiam na esperança de que o ajudariam mais dobrando-se a suas exigências do que resistindo a elas.

Jean foi internado uma vez, quando seu peso tinha se tornado crítico demais; o resto do tempo ele continuou sendo atendido sem que seu estado melhorasse. Apesar do distúrbio, ele conseguia seguir os estudos, que o levaram à universidade. Como esta ficava longe do domicílio familiar, ele teve de pegar um quarto na cidade universitária. Foi lá que se enforcou, algumas semanas depois do início das aulas. Foi como se, estando só, na impossibilidade de manipular os pais, já não tivesse nenhum derivativo e já não pudesse escapar de sua desordem interna. A tendência à manipulação, tão característica dos anoréxicos, aparece, então, como um sistema de defesa, uma forma de luta para evitar o confronto consigo mesmo e com seu distúrbio; nesse sentido, por mais difícil que seja de suportar, ela é preferível, para o sujeito, à apatia melancólica que o deixa sem recursos.

Jean foi o primeiro garoto anoréxico com quem me defrontei. Não é preciso dizer que ele me parecia tão misterioso quanto estranho. Com efeito, a anorexia é um distúrbio majoritariamente feminino – cerca de 10 meninas para cada menino. Diz-se que frequentemente é mais grave neste último, que as chances de evolução não são tão boas. A questão que se coloca, então, é: será porque a anorexia masculina é sempre mais inquietante, ou porque os profissionais estão mais despreparados diante desses casos raros que eles não sabem muito bem como tratar?

No caso de Jean, é evidente que minha juventude e minha falta de experiência me levaram a uma avaliação errada de seu estado. Eu estava centrado na sua magreza, a ponto de não escutar tudo o que ele me dizia e que, no entanto, deveria ter me alertado. Por exemplo, ele afirmava ter dentro dele uma máquina que lavava seu estômago quando ele comia, sinal manifesto de um pensamento delirante. Sua anorexia era sem dúvida um sintoma de um distúrbio psicótico.

Trata-se de algo que às vezes ocorre, mas, na grande maioria dos casos, a anorexia é do âmbito da neurose. Contudo, alguns, na esteira de Mara Selvini, psiquiatra e psicanalista italiana, falam de "psicose monossintomática", no sentido de que se observa o que poderíamos chamar de um delírio parcial: as anoréxicas não veem seus corpos, elas recusam a realidade de sua magreza. Então, mesmo que se cadaverizem – e a palavra nada tem de exagero, considerando-se que às vezes só lhes resta a pele sobre os ossos –, elas ainda se veem gordas demais e, caso ganhem um pouco de peso, ficam horrorizadas. Recusam as formas, as curvas, buscam apagar todos os aspectos exteriores da feminilidade, numa recusa do corpo sexuado e da sexualidade que ele pressupõe. As anoréxicas têm, aliás, poucas relações amorosas e sexuais, sua magreza lhes serve de proteção contra os olhares de desejo. Isso ajuda a entender por que esse transtorno sobrevém essencialmente na adolescência, no momento da puberdade, que marca a entrada na feminilidade. Daí o espanto dos psiquiatras diante das formas de anorexia pré-púberes, no entanto muito mais raras.

Movidas por um ideal ascético, sonhando ser um puro espírito separado de seu invólucro carnal, as anoréxicas submetem o corpo a uma rude prova com notável indiferença. No entanto, as consequências da desnutrição aparecem rapidamente; são muitas, mas destacaremos três: amenorreia – embora essa interrupção das regras, sinal evidente da patologia, bem corresponda à recusa da feminilidade –, perda da massa muscular, baixa da taxa de potássio acarretando perturbações do ritmo cardíaco, por vezes com risco vital. Também nesses casos, elas negam a gravidade de seu estado, afirmando que vai tudo muito bem, algumas chegando até a se esgotar em atividades físicas praticadas com exagero, numa espécie de desafio permanente. No entanto, não há nelas recusa de viver nem desejo de morrer, mas antes a vontade obstinada de testar sempre os limites do vivo. Contudo, a ideia da morte muitas vezes paira em torno delas, provocando a angústia dos que as cercam, às vezes também a do terapeuta que as interna com urgência, para evitar o pior. Quando possível, a internação livremente aceita me parece mais favorável para sua evolução.

O que realmente está em jogo nas anoréxicas é o apetite. Sentem-se tomadas por um desejo tão grande que ele as assusta, e tentam negá-lo por meio de um domínio e um controle permanentes não só de seu peso e de seus corpos, mas também de seu meio. Diz-se que são manipuladoras, e com razão. Elas dizem que não querem que as pessoas se preocupem com elas, mas todo o seu comportamento é fonte de uma preocupação e de uma solicitude que elas rejeitam, levando assim a preocupar ainda mais. No fundo, é frequente haver nelas uma fantasia de autossuficiência: não precisam de nada e de ninguém para se alimentar, em sentido tanto próprio quanto figurado, ao mesmo tempo que, por sua atitude, estão sempre dizendo de sua necessidade dos outros, dos pais em particular, a começar pela mãe, capturada com a filha numa relação fusional da qual nem uma nem outra conseguem sair. A internação possibilita, então, um distanciamento, mas não deve ser sinônimo de separação drástica com interdição formal de todas as visitas. A violência que as anoréxicas exercem sobre seu meio não deve receber em resposta a violência terapêutica, ameaçando reforçar a violência que pretende combater.

As modelos, declaradas culpadas

Muitas vezes apresentada como uma doença dos tempos modernos, a anorexia é contudo descrita desde a Antiguidade. Há uns vinte anos, entretanto, foi mais bem identificada e mais bem tratada; ficou, portanto, mais "visível" e tem-se a sensação de que está aumentando, embora seja difícil fazer estimativas exatas.

Será a anorexia uma doença da sociedade de consumo? Em todo caso, é o apanágio dos países ricos e industrializados, sem dúvida vinculada em parte ao contexto sociocultural; nos países em via de desenvolvimento, em que as relações com o corpo e com o alimento e os cânones estéticos são diferentes, ela é praticamente inexistente. Assim, o ideal de magreza que prevalece em nossas sociedades ocidentais, representado por modelos filiformes expostas nas vitrines das lojas femininas, nas publicidades, nas passarelas dos desfiles de moda, é apontado com o dedo de forma acusatória: ele seria responsável por favorecer os comportamentos anoréxicos. É verdade que as jovens adolescentes, presas das transformações pubertárias que arredondam seus corpos, costumam correr atrás de uma imagem não só ideal, mas conforme a uma norma de que elas necessitam para se tranquilizar. Donde o surgimento do que chamo de "síndrome do mês de maio": o verão se aproxima e, para poder usar biquíni, elas começam – muitas vezes junto com a mãe, habitada pela mesma preocupação com a magreza – um regime destinado a fazê-las perder alguns quilos supérfluos. Impõem-se restrições durante certo tempo, invejando talvez aquelas anoréxicas que não precisam fazer nenhum esforço para resistir à tentação, mas a grande maioria logo reencontrará os prazeres da gula e sucumbirá aos ataques de fome próprios dessa idade que, em todos os terrenos, funciona baseada no princípio do tudo ou nada: "Ou jejuo, ou devoro"; por vezes encontrar o equilíbrio entre ambos é um processo demorado.

Algumas, porém, não vão se contentar com os quilos perdidos e o regime inicial aparecerá como as primícias de um distúrbio que logo as invadirá. Primeiro, selecionam os alimentos em função de seu valor calórico, perseguem sem trégua o menor sinal de gordura, mastigam durante horas... Embora queiram emagrecer, desejam ainda mais esfaimar-se, conseguir suprimir toda sensação de fome ou de saciedade. Lacan definia a anorexia como um "desejo de nada"; outros veem nela "uma adição à falta"; nota-se, então, que já não é o ideal de magreza que está em jogo, mas algo mais íntimo, mais profundo e muito mais misterioso. Em outras palavras, não basta querer ser magro como uma modelo para se tornar anoréxico. Aliás, omite-se ressaltar que o transtorno alimentar, quando começa no início da puberdade, acarreta uma suspensão do crescimento que muito rápido impede de se imaginar nas passarelas.

Para explicar a violência, pode-se denunciar as imagens violentas e tentar proibi-las, mas sabe-se que esse tipo de medidas, essencialmente midiáticas, apenas baixam os números da delinquência e não têm outra virtude a não ser a de dissimular, por um tempo, a ausência de uma política global que enfrente o problema a fundo. Do mesmo modo, para lutar contra a anorexia, pode-se acusar a moda em seu conjunto e, como na Espanha, chegar a ponto de proibir modelos abaixo de certo peso de participarem dos desfiles. Mas será que alguém realmente acredita que isso terá alguma incidência sobre a quantidade de casos de anorexia? Como sempre, quando não se entende, procura-se apontar um culpado, encontrar explicações simplistas e simplificadoras. As modelos tornam-se assim "objetos maus", todas suspeitas de anorexia; simplesmente se esquece que ser modelo é uma profissão – que decerto acarreta comportamentos alimentares particulares tanto de vigilância quanto de restrição –, e não uma patologia.

Perspectivas de futuro

Atendo uma jovem com a mãe. Ela tem 16 anos, é viva, brilhante, dá mostras de grande desembaraço no contato e exerce uma sedução feita de leveza e riso. Não entende por que a mãe a obrigou a vir me consultar: reconhece que emagreceu, claro, mas não está doente. A prova é que pode voltar a comer se desejar. Vai bem no colégio, tem grandes ambições profissionais na área da diplomacia, tem muito boas amigas... Decididamente, está tudo bem, mas a mãe sempre se preocupa demais com ela.

Eu a interrompo: "Não acredito em você quando diz que está bem. Em compensação, acho que a sua mãe tem razão, você está doente."

Ela se empertiga, dá risada, é tudo história, não tem medo de mim.

Eu teimo: "Quanto a mim, não tenho medo de repetir que você está doente. Aliás, você tem uma doença ruim que se chama anorexia. E deu azar, porque se tem uma doença que eu não suporto é essa."

Ela perdeu um pouco a pose ao me escutar, mas continua afirmando que não está doente.

"Então, já que não está doente, vai parar com seu regime hoje mesmo. Vai ganhar peso e voltamos a nos ver daqui a quinze dias para verificar isso. Se você não tiver ganhado pelo menos um quilo, vou interná-la."

O riso e a leveza não resistem. Ela começa a chorar.

Podem me acusar de ser um pouco ofensivo e brutal, mas o convívio com as anoréxicas me ensinou a não me deixar levar pelas aparências. Pois, é típico, elas sempre passam uma imagem de perfeição e de coerência, fazem de tudo para mostrar como estão bem de cabeça e de corpo. Poderíamos dizer que elas têm um lado carnavalesco, no sentido de que se escondem sob uma máscara de sensatez que é também um sistema de defesa. O que me interessa, como sempre, é o que está sob a máscara.

As lágrimas expressam aqui uma fragilidade. A jovem entende que não vai conseguir me manipular como faz com os pais, sente-se desmascarada, atingida em seu sentimento de onipotência. Mas suas lágrimas também podem ser expressão de uma depressão, o que, ainda que possa surpreender, é um sinal positivo: a anoréxica se dá conta de que se encerrou num sintoma que é uma armadilha e do qual não consegue sair; ao largar sua onipotência, pode começar a largar seu sintoma, ao menos parcialmente. A depressão é como uma falha num sistema que até então não tinha nenhuma, e cabe considerar que ela constitui um progresso. Contudo, é nesse momento que podem aparecer ideias suicidas, como se, ao tomar consciência do tamanho de um desastre que antes não percebia, a anoréxica preferisse pôr fim a ele de modo radical. De maneira paradoxal, portanto, é quando ela melhora que, fragilizada, ao perder as defesas que tinha, a anoréxica pode pensar em se matar. Quando se sabe que 10% das anoréxicas morrem, mais por suicídio do que pelas consequências da desnutrição, entende-se a importância de atendê-las. Pessoalmente, fico muito mais atento a qualquer indício de depressão do que ao emagrecimento espetacular que, com uma alimentação por sonda, sempre pode ser estabilizado.

Noémie é anoréxica, mas recusa qualquer hospitalização que, no nosso entender, a ajudaria a melhorar. Aceita contudo um acompanhamento psicoterápico e acaba consentindo numa internação mais que parcial: virá almoçar todos os dias na Maison de Solenn, para que sua alimentação seja vigiada.

Hoje, Noémie atingiu os 46 quilos. Não emagrece o suficiente para ser internada; não engorda o suficiente para que possamos considerá-la curada. Já não está em perigo de vida, recuperou o sorriso e está contente com seu peso, que aceita sem se sentir obesa.

Deveríamos considerar que fracassamos? Ou aceitar que Noémie tem o direito de estar no mundo flertando o tempo todo com as fronteiras da anorexia? Admitamos que se trata de uma forma um tanto fria de anorexia, que corre o risco de perdurar. Sem ameaça de morte, a vida se torna possível, ainda que provavelmente não venha a ser isenta de momentos de desmoronamento, de depressividade, com retraimento ou até isolamento social, afetivo e sexual. Mais que falar de fracasso, prefiro falar de semissucesso, o que é melhor que nada – o psiquiatra às vezes precisa ter ambições modestas.

É possível curar-se da anorexia? A crer nas sacrossantas estatísticas, poucos indivíduos saem dela ilesos. Cabe então indagar se o tratamento está adaptado a cada caso, se algumas internações não estariam na origem de uma iatrogenização[1] das consequências. Os transtornos alimentares são hoje mais bem identificados, mais bem compreendidos, mas, a não ser que se resolva não poder fazer nada, devemos refletir sobre os limites de nosso acompanhamento e buscar sempre outras soluções para ajudar as adolescentes a domar seu apetite de viver e a (re)encontrar outra relação com o mundo.

• • • • • • • •

1. Complicações, efeitos patológicos de um tratamento.

5. *As patologias evoluem com o tempo*

Os transtornos psíquicos estão, sem dúvida nenhuma, vinculados ao contexto sociocultural. Assim, cada época vê surgirem modos de expressividade psicopatológicos particulares, que nos levam a questionar nossa prática e a revisar nossos clássicos.

Apesar dessas evoluções, os transtornos da adolescência giram em torno de problemáticas bastante constantes: a autoimagem sobretudo, central nessa idade, e que passa pela exploração vez ou outra anárquica de seus próprios limites, físicos e psíquicos, a fim de tentar saber quem se é e o que se pode vir a ser.

O que aconteceu com os(as) histéricos(as)?

É uma história que remonta a vários anos atrás. Um garoto de 15 anos chega no serviço de la Timone em cadeira de rodas. Algumas semanas antes, certa manhã acordou sem conseguir andar. Foi submetido a todos os exames possíveis, radiografias, tomografias, punção lombar, mas não revelaram nenhum distúrbio funcional ou orgânico. Aquela paralisia repentina aparecia, pois, como uma "conversão histérica": o sofrimento psíquico, não mentalizado e não formulado, converte-se em afecção somática.

A história de Pierre é ao mesmo tempo triste e banal: desde a infância apanha de um pai brutal e alcoolista que ele teme e detesta. Felizmente, encontra um pouco de conforto no convívio com o avô, atencioso e afetuoso, que, depois de uma doença infecciosa, perdeu o uso de uma perna. Sem dúvida, Pierre deixou de andar por identificação com esse avô, escapando assim de uma identificação paterna impossível. Ao retomar o sintoma do avô, acalma sua angústia de poder um dia parecer-se com o pai, em relação a quem sente uma animosidade bastante compreensível, mas da qual se sente culpado.

Dois dias depois de sua chegada ao serviço, peço que lhe tirem a cadeira de rodas – um modo de lhe dizer: "Levanta e anda!" Atitude um pouco megalomaníaca, mas que não significa que eu me ache capaz de fazer um milagre! À minha volta, a equipe – encabeçada pelos psicanalistas – critica minha posição: "Ao retirar-lhe a cadeira, você ataca o sintoma que o protege." É verdade, e minha escolha é mais que discutível, de certo modo indefensável, mas recuso-me a adotar a linha da histeria porque acho que o paciente tem tudo a perder com isso. Minha agressividade não se volta contra Pierre, mas contra seu sintoma – ainda que, devo reconhecer, esta possa ser uma diferença difícil de perceber para ele. Além do mais, Pierre está andando. Mal, torcendo-se, agarrando-se a tudo o que encontra, mas ele mostra que pode prescindir da cadeira de rodas e recuperar uma aparência de autonomia. Os psicanalistas tinham razão, claro: a conversão histérica protege de uma dor psíquica insuportável, que o adolescente não pode reconhecer. Desse modo, o corpo permite desconsiderar o psiquismo. O temor ou o desconforto que a somatização gera é mil vezes menos temível que a ansiedade que a provoca.

Muitos anos depois, encontramos Archibald. Seu nome antiquado combina com sua aparência meio fora de moda, cuidada e ao mesmo tempo rebuscada, muito distante do habitual desleixo dos adolescentes de hoje. Ele tem 16 anos e há seis meses não pronuncia uma palavra, não porque não queira, mas porque não consegue, pois nenhum som sai de sua boca. Isso ocorreu repentinamente, sem prévio aviso, alguns dias antes do início das aulas num colégio em que, por causa de seu *look* incrível, de seus modos afetados, logo foi alvo de seus pares, pouco caridosos em relação àquele "que banca o pequeno marquês", me conta sua mãe. Archibald tornou-se assim um bode expiatório fácil, como se os alunos tivessem percebido nele uma fragilidade que não lhe perdoavam e pela qual o faziam pagar, sem dúvida para melhor ocultar sua própria vulnerabilidade. O mutismo serviu de ponto de partida para uma fobia escolar, e Archibald está atualmente fora da escola, isolado de seus pares, numa relação fusional e terrivelmente erotizada com a mãe, cuja atenção está toda focalizada nesse filho que sofre e que ela vigia como leite no fogo. É isso que se chama obter benefícios secundários de seu distúrbio...

O rapaz me é encaminhado pelo psicanalista que o atende e que, há seis meses, suporta sessões silenciosas, sem obter nenhum resultado. O trabalho psicoterápico está em certo sentido embotado pelo sintoma, o que bloqueia toda possibilidade de evolução. Diante do fracasso da psicoterapia, decidimos interná-lo, para verificar uma eventual patologia especialmente de tipo psicótico. No entanto, logo na primeira consulta, Archibald me tranquiliza. Ele passa a sensação de estar frágil, deprimido, inquieto, seu mutismo é total, e apesar disso o adolescente consegue, por meio do olhar, da expressão e da atitude, estabelecer um contato, o que é sempre um sinal favorável. Com a cabeça, faz sinal positivo à proposta de internação, visivelmente aliviado de que cuidem dele. Quanto a mim, menos furioso do que no passado, não tento fazê-lo falar, chego até a recomendar aos terapeutas que não o perturbem com um excesso de perguntas. Aprendi a respeitar seu sintoma!

No entanto, dois dias depois, Archibald fala. Aliás, não para de falar, "uma verdadeira matraca", confirmam os terapeutas. A tal ponto que brinco com ele: "Archibald, não esqueça que você está mudo!", o que o fez morrer de rir.

Contudo, resta-nos entender esse distúrbio curioso e dramático. Tentamos localizar algum evento particular, que lhe dissesse respeito ou que tivesse acontecido no seu meio, que pudesse ter servido de fator desencadeante: um abuso sexual, a doença de um parente, um luto... Mas Archibald nos garante que não aconteceu nada, pelo menos nada que possa ser considerado um trauma suficientemente forte para explicar seu mutismo. Para ele, o grande sofrimento foi a atitude de seus pares no colégio, a zombaria permanente, assim que entrava na sala de aula, assim que respondia às perguntas de um professor. Por repercutir numa dúvida sobre si próprio, a rejeição de que foi objeto lhe foi insuportável, gerando um medo incontrolável, quase um terror de si próprio, do que podia mostrar e dizer e que, de qualquer modo, o punha em situação periclitante com seu meio. Estando mudo, já ninguém podia zombar do que ele dizia e de seu modo de dizê-lo; assim, o mutismo abafava a angústia.

A "cura" de Archibald não tem nada de miraculoso. É algo que ocorre com mais frequência do que se imagina. A internação aparece como uma oportunidade de interromper a trajetória em que o sujeito ficou preso e de que já não consegue sair. Em si mesma, constitui um cuidado graças ao fato de levar em conta o sofrimento e graças à separação do meio habitual. Embora a mãe viesse vê-lo todos os dias, a internação de Archibald possibilitou um distanciamento, criando um espaço no qual o garoto pôde reinvestir a relação com outros adolescentes de sua idade, separando-se um pouco da mãe que parou de ser a única e exclusiva pessoa com quem tinha algum contato.

Archibald é um caso raro, para não dizer excepcional, em mais de um sentido. Primeiramente, porque a histeria foi, por muito tempo, considerada apanágio do sexo feminino, distinguindo-se os homens em geral por neuroses obsessivas. Sobretudo porque as grandes conversões histéricas, tão frequentes nos tempos de Freud, praticamente desapareceram nos dias atuais, pelo menos em suas formas espetaculares – cegueira, paralisia, mutismo...

Lembremos, aliás, que foi através do seu trabalho com as histéricas que Freud descobriu o inconsciente e inventou a psicanálise. Desde então, o termo "histérico" já não fica reservado ao campo da psiquiatria e serve, na linguagem comum, para designar pessoas, homens e mulheres indistintamente, que têm uma tendência à teatralidade, à demonstratividade, ao exagero e a uma labilidade emocional que as faz passar do riso às lágrimas ou à fúria com uma rapidez desconcertante. Desse ponto de vista, ninguém está a salvo de episódios histéricos, momentos totalmente transitórios que não ameaçam nem um pouco o equilíbrio do sujeito.

O mesmo não se aplica à neurose histérica. O sujeito funciona num modo relacional baseado na sedução. Procura seduzir identificando-se com o desejo do outro ou, mais precisamente, com o que acredita ser esse desejo. É uma tentativa fadada ao fracasso, pois nunca consegue satisfazer esse suposto desejo, o que provoca dúvida sobre si e frustração. O que acontece com o desejo da própria histérica? Essa é a questão. Ela mesma o ignora: de tanta plasticidade, não sabe nem o que quer nem quem é, o que mantém sua insatisfação e a fortalece em sua busca impossível. Mas ela nunca consegue criar laços afetivos, de amizade ou amorosos, o que pode acarretar uma depressividade, ou até uma depressão.

Não raro a neurose histérica vem acompanhada de somatizações (dores de cabeça, dores de barriga, afonia...) e, num grau um pouco mais elevado, de conversões histéricas: paralisia, mutismo, cegueira... como no caso de Archibald. Em alguns casos mais graves, os sintomas são ainda mais marcantes, podendo chegar até a uma inflação imaginária próxima do delírio, uma mitomania e passagens ao ato, como tentativas de suicídio, que acompanham a depressão e são também pedidos de socorro.

Ainda assim, a neurose histérica pode ser totalmente transitória: manifesta-se como uma exacerbação da necessidade de aparecer, própria do adolescente, que se mostra para melhor se esconder, busca se fundir ao desejo do outro por não conseguir afirmar o seu próprio. Essa histeria chamativa desaparecerá no dia em que, conseguindo se aceitar como é, ele desistirá de agradar e de seduzir a qualquer preço.

A histeria: uma patologia contagiosa?

Há mais ou menos seis anos, atendi uma jovem da região do Var. Ela desmaiava regularmente no colégio, mas não foi detectada nenhuma causa orgânica que explicasse aquelas perdas de consciência. Quinze dias depois, atendi outra moça, aluna do mesmo colégio, com o mesmo sintoma. Três semanas depois, foi uma terceira adolescente do estabelecimento que veio me consultar pelos mesmos motivos.

Foi o suficiente para eu resolver investigar o que estava acontecendo. Portanto, fui ao colégio para tentar entender a origem da misteriosa epidemia. Fui recebido pelo médico e pela enfermeira da escola, que me comunicaram sua incompreensão. Na presença deles, reuni um grupo de moças, tanto as que desmaiavam quanto as outras que foram testemunhas daquele mal estranho, e lhes propus representar uma cena de desmaio, para que eu pudesse imaginar um pouco melhor as coisas. Uma delas se ofereceu como voluntária: começou a respirar muito profundamente, enxugou a testa, fez alguns gestos evocando um momento de pânico e caiu. Perguntei-lhe o acontecia naquele momento, quando o desmaio era de verdade. "Todo o mundo fica em volta, mas a diretora pede que a gente se afaste, depois ela chama os bombeiros. Eles cuidam da garota desmaiada... sorte dela, porque eles são lindos."

Ninguém precisa ser psiquiatra para entender que nesses desmaios há uma dimensão sexual evidente: as desmaiadas lembram Belas Adormecidas que podem, no sono, receber o beijo proibido (ou que elas se proíbem) além do mais. Essa é uma ilustração do que Freud enfatizava: as jovens de sua época, asfixiadas por uma educação rígida, nem por isso eram menos presas de desejos sexuais marcados por culpa e vergonha; o sintoma histérico vinha revelar o recalcamento desse desejo, do conflito entre as pulsões (o Isso) e as exigências do Supereu.

Na região do Var, as Belas Adormecidas contemporâneas tinham se tornado vedetes invejadas por todas... a ponto de elas mesmas também desmaiarem, para desfrutar dos cuidados dos bombeiros, claro, mas também por mimetismo, para fazer e ser como e se sentirem vivas. Eis uma bela, uma verdadeira histeria coletiva, quase uma manifestação social, em certo sentido!

Teria o "caso de Var" sido uma das últimas demonstrações de somatizações histéricas tão bem descritas por Freud e que parecem ter desaparecido pouco a pouco? Elas perduraram por certo tempo sob a forma de uma "espasmofilia" um tanto misteriosa de que muitos adolescentes sofriam: angústia, vertigens, tremores... Mas quem ainda fala de espasmofilia atualmente? O psiquiatra costuma encontrar mais distúrbios de comportamento, de autoestima, da imagem do corpo, do comportamento alimentar, do que depressividade, tentativas de suicídio... A patologia mostra-se menos espetacular, como na histeria de antanho, ela é mais íntima; é uma patologia do eu porque, nesse começo do século XXI, para os adolescentes, mas também para muitos adultos, "o que conta sou eu, e só eu".

Contudo, a histeria coletiva do Var não deixa de lembrar algumas epidemias de escarificações tais como as que se observam hoje. Com efeito, às vezes basta um adolescente se escarificar para que, na classe, outros o imitem e passem ao ato. Na Maison de Solenn, o mesmo fenômeno ocorreu uma vez.

Por meio da escarificação, o adolescente se corta, se machuca para, ao mesmo tempo, se apropriar de seu corpo e de sua dor, para se sentir ator do que lhe acontece em vez de o padecer. Nos casos mais graves, que são da ordem do distúrbio psicótico, ele realmente talha a carne, mostrando sua dificuldade de perceber a realidade de seu corpo; em contrapartida, quando se trata de um distúrbio neurótico, limita-se a arranhões e cortes superficiais que vêm acalmar uma tensão insuportável. Trata-se de uma forma de histeria moderna, assim como certas anorexias e bulimias menos graves: exprimem a necessidade de mimetismo própria do adolescente, que se identifica com seus pares, tenta imitá-los, por não conseguir ser ele mesmo. Correspondem a uma teatralidade que proporciona, por um tempo, o sentimento de existir.

O estado-limite, um transtorno complexo

Jeanne tem 18 anos. Foi uma adolescente sem problemas até os 16 anos, idade em que sua vida escolar começou a desandar. Até então, passava de ano sem estudar, mas o ensino médio exigiu que ela investisse mais e consentisse em fazer algum esforço. Tudo aconteceu como se, duvidando de repente de suas facilidades e de suas capacidades, Jeanne tivesse desistido. Ela tinha forjado para si tal ideal do eu, brilhante, atuante, que não suportava afastar-se dele. Então parou completamente de estudar, seus resultados despencaram, começou a cabular aula primeiro de maneira seletiva – seja porque não gostava da matéria, seja porque o professor não lhe agradava –, e depois de maneira mais repetitiva. Por fim, seu absentismo acabou prevalecendo, e ela largou o colégio.

É uma bela jovem que, no entanto, não gosta de si. Detesta a imagem que o espelho lhe devolve e que corresponde tão pouco à imagem da mulher ideal que ela sonha ser. Foi por isso que já recorreu à cirurgia plástica. Num primeiro momento, os pais se opuseram a qualquer intervenção, mas acabaram cedendo: Jeanne tinha prometido que, se eles autorizassem, ela retomaria os estudos e poria fim a seus comportamentos de risco. Mas até agora já foi operada três vezes, sempre para refazer os seios, com os quais nunca está satisfeita: pequenos demais, baixos demais, grandes demais... e que sem dúvida cristalizam todas as suas representações da feminilidade perfeita.

Jeanne cuida muito de sua aparência, se maquila exageradamente, nunca aparece sem batom, e exibe roupas provocantes que lhe expõem ao máximo o umbigo, mas também os seios, objetos de sua fixação. Joga com seus longos cabelos castanhos e seus olhos negros, faz poses, e tudo na sua atitude de sedução exprime uma única e mesma dúvida: "Será que sou desejável?" Durante as entrevistas, fala muito e com facilidade, mas, nas suas palavras, é difícil separar o verdadeiro do falso. Um dia, ela me fala de uma nova sogra, gravemente doente, mas, na vez seguinte, já esqueceu o que tinha dito e me descreve uma mulher extraordinariamente bela com quem gostaria de se parecer; outro dia, anuncia que está grávida, embora nunca mais evoque essa gravidez puramente imaginária...

O que é bem real, contudo, é que às vezes, de noite, Jeanne escapa e vai zanzar em bairros mal-afamados, provocar olhares, suscitar o desejo. Ela sabe que corre riscos, já sofreu agressões, mas é mais forte que ela, e a menina retorna. Outras vezes, Jeanne ataca a si mesma: já se cortou várias vezes, de forma superficial, mas nem por isso anódina. Recentemente, o alvo foram seus seios que, mais uma vez, não eram como ela queria.

Jeanne precisa colocar-se em perigo o tempo todo, como se o sofrimento, a dor, enfim, lhe permitissem sentir que existe. Luta, assim, contra um anonimato, uma banalidade que não suporta: quer ser extraordinária e, por não conseguir sê-lo como em seus sonhos, encerra-se num processo de autodestruição de que não tem consciência, mas que ao menos consegue distingui-la e chamar a atenção para ela. Por isso, está sempre voltada para fora e provocando, porque não consegue ser de outra maneira. Sua aparência faz crer que é segura de si, mas basta vê-la cruzar, sozinha, o saguão da Maison de Solenn para que se dissipe a ilusão que ela tentou criar. Evoca "a *belle indifférence*" das histéricas, que às vezes fingem ser inacessíveis, insensíveis aos olhares que lhes são lançados, embora toda a sua atitude, sua postura um pouco hesitante traduzam o medo, as dúvidas, a imensa fragilidade e a defasagem entre a imagem que ela projeta e a imagem que tem de si própria.

Domar a própria imagem

A autoimagem constrói-se na infância, essencialmente através do olhar dos outros. É porque a mãe (e as outras figuras de apego) ama o filho que ela lhe transmite o sentimento de ser amado. Assim, a capacidade de nos amar e de amar os outros depende do modo como fomos amados e vistos nos primeiros tempos de nossa vida, quando vai se constituir nosso capital narcísico.

Na adolescência, esse narcisismo – outra denominação da autoimagem – passa por uma dura prova. No plano físico, a puberdade acarreta uma transformação real do corpo que obriga a remanejar a imagem que o adolescente tem de si mesmo e a que os outros lhe devolvem. Isso, evidentemente, tem repercussões no plano psíquico: Quem sou? As pessoas podem me amar? Sou capaz de amar? O que será que os outros pensam de mim? A busca pela identidade passa obrigatoriamente pela busca do outro: para o adolescente, há como que uma impossibilidade de obter sozinho uma boa autoimagem, e ele sempre precisa passar pelo olhar do outro para se certificar do que é e do que mostra ser. Mas essa certeza tem nele vida curta, e ele vai sempre buscar sua autoconfiança com os outros.

A dúvida sobre si é tal que o narcisismo do adolescente está à flor da pele: qualquer palavra, qualquer olhar pode ser interpretado como um ataque, um questionamento, até uma negação de sua identidade. Quando seus pais se espantam por vê-lo bater a porta do quarto apenas por lhe terem perguntado se foi bem na prova de matemática, isso é apenas a ilustração desse narcisismo falho: para o adolescente, essa pergunta mostra que os pais não se interessam por ele, só querem saber de sua vida escolar... Sua agressividade exprime então o enfado por não conseguir ser amado como desejava. Pode limitar-se a birras, a berros, ou se traduzir por atos mais expressamente violentos, bem como por uma autoagressão – uma escarificação, por exemplo, comportamentos de risco – que ilustra em ato o que ele pensa de si próprio e que poderíamos resumir nestas palavras: "Não sou nada, não valho nada."

Na verdade, a autoimagem compõe-se de duas imagens: a imagem física, que vemos no espelho, e a imagem psíquica, a ideia que temos de nós mesmos. Alguns, como Jeanne, vão se centrar na primeira porque ela serve de representação para a segunda. Se o invólucro estiver satisfatório, o resto vem junto, pensam eles, como que para evitar tomar consciência do tamanho de sua fragilidade. Pode acontecer que desgraças físicas reais tornem-se pontos de fixação que alimentam a falha narcísica e o adolescente não consiga compensá-las com outros investimentos, mais intelectuais ou sociais. A fixação é tal que ele perde de vista o conjunto do que é e imagina que os outros só veem "isso" – seu nariz deformado, suas orelhas de abano, que podem, aliás, ser alvo de zombarias ferinas. É quando surge a questão do recurso à cirurgia plástica, possibilidade oferecida por nossas sociedades modernas para "consertar" nossos corpos e nossa aparência.

Melhor deixar claro desde já: não sou favorável a esse tipo de intervenção para ninguém, e menos ainda para os adolescentes, a não ser que haja malformação ou deformação capaz de provocar um verdadeiro sofrimento narcísico para o sujeito. O caso de Jeanne é completamente diferente, e convém destacar a leviandade muito discutível dos cirurgiões que a operaram, contrariando a opinião de dois psiquiatras. A demanda de cirurgia plástica exige, com efeito, uma consulta psiquiátrica prévia, para que se verifique se ela não se inscreve num quadro de transtorno da personalidade, com um desejo delirante de transformação da imagem corporal. Foi o caso do garoto que me dizia não ser como eu porque tinha o nariz torto... Sua dismorfofobia inscrevia-se num quadro psicótico de recriação de uma realidade pessoal, e a intervenção não teria provocado nenhuma modificação em seu sintoma e teria dado lugar a outro delírio, provavelmente centrado numa outra parte do corpo, sem nenhuma alteração em sua patologia.

Não é o caso de Jeanne, mas sua fragilidade narcísica é uma contraindicação para a cirurgia plástica; como sua história mostra, ela corre atrás de uma imagem ideal inatingível por definição; cada intervenção apenas gera decepção e a obriga a desejar outra... O que Jeanne não entende é que não é seu corpo que ela quer transformar, mas sua personalidade, o que nenhum bisturi conseguirá fazer.

Perturbação da autoimagem, histeria: o caso de Jeanne nos coloca questões. Neurose clássica ou estado-limite? Essa patologia moderna é objeto de debates entre os psicanalistas. Pessoalmente, sempre reticente quando se trata de formular um diagnóstico, desconfio um pouco pelo seu aspecto impreciso... O estado-limite, como o nome indica, fica na fronteira das três grandes estruturas descritas por Freud: a neurose, a psicose e a perversão, com sintomas que ora são de uma, ora de outra. Ele desorganiza as referências tanto no plano diagnóstico quanto no plano psicopatológico e, por isso, é difícil de definir e de tratar. O(a) adolescente pode alternar comportamentos histéricos e obsessivos, atravessar períodos próximos do delírio, consumir álcool ou haxixe de maneira aditiva. Em todos os casos, revela uma enorme intolerância à frustração e vive em confronto com a autoridade e a lei, ou seja, justamente tudo o que pode colocar um limite ao seu apetite de gozo sem entraves. Ao deparar com uma frequência cada vez maior com essa patologia, o psiquiatra pode se perguntar se ela não será específica da adolescência, período intermediário em que assistimos a uma espécie de redistribuição das cartas e a flutuações inevitáveis de humor e de comportamento. Embora o adolescente possa se estabilizar e não cair numa reconstrução delirante do mundo, conservará uma fragilidade, toda contrariedade sendo passível de provocar nele reações um pouco extremadas, mas passageiras.

Pôr-se em perigo para sentir-se vivo

Hugo tem 17 anos, é bonito, inteligente, tem muito talento para o desenho. Como se costuma dizer, não lhe falta nada, mas para Hugo isso não parece significar muita coisa.

Há alguns meses ele abusa do consumo de haxixe: entre dez e quinze baseados por dia, o que exige grandes somas de dinheiro, que ele arranja como pode, fazendo desde pequenos bicos legais até pequenos furtos menos confessáveis. Esse consumo diário não é muito compatível com uma vida escolar que ele acabou abandonando, e ele mata o tempo... com o risco de matar a si mesmo. Certa noite, voltou para a casa da mãe coberto de hematomas e com uma fratura na perna, por causa de um tombo, disse ele, quando na verdade tinha levado uma surra de traficantes pouco compreensivos, que quiseram lhe mostrar que não vendiam fiado.

Além do fumo, Hugo tem outro prazer: gosta de fazer pichações, sobretudo nos túneis do metrô, onde ele fica vigiando os trens, colando-se contra as paredes em caso de ameaça.

Seus pais se separaram quando ele tinha dez anos e pouco e, desde então, ele vive alternadamente na casa do pai e na casa da mãe, alternando também sua oposição frontal a um e outro.

Há não muito tempo, começou a fugir da casa deles à noite para dormir nos jardins públicos da capital, enfrentando a violência da rua, onde cada um defende brutalmente seu território.

Com suas condutas de risco excessivas, Hugo está sempre se colocando em perigo e flertando com a morte, completamente largado, em ruptura com a família, a escola e a sociedade. Nós o internamos, nem que apenas para lhe possibilitar parar um pouco, dar-lhe uma espécie de continência quando ele já não se contém. No hospital, ele se apaixona por uma adolescente parecida com ele e que, além disso, não para de fugir, mas ele não vai atrás dela; picha as paredes de seu quarto – foi, aliás, o único jovem que fez isso, mas com talento, é preciso reconhecer! –, e acaba aceitando frequentar aulas de desenho num colégio vizinho.

Hugo é um bom exemplo de adolescente ao mesmo tempo romântico e romanesco, facilmente levado ao excesso e ao desregramento. Como muitos, ele sem dúvida sonhou, quando criança, com um destino grandioso e glorioso, mas seus sonhos não resistiram à travessia da adolescência que o obriga a revê-los... em geral para baixo.

Pois, se a adolescência é dolorosa, é justamente por representar uma perda: perda da infância, do pensamento mágico, da ilusão de que tudo é possível. Desde pequenina, a criança, tão preciosa, tão investida, tão narcisada, ouve repetirem o tempo todo que ela é a mais bonita, a mais inteligente, a mais talentosa... Ser adolescente é nos dar conta de que somos menos do que nos fizeram crer, e pensar que, por esse motivo, a vida não pode ser tão fantástica como tínhamos imaginado; descobrir, reconhecer e aceitar os próprios limites, com os quais teremos de nos conciliar; enfrentar a necessária obrigação de fazer escolhas, vividas como amputações porque supõem renunciar a uma parte de nós.

Ser adolescente é também separar-nos dos pais que até então nos protegeram. Então, apesar dos amigos, experimentamos um sentimento de solidão às vezes insuportável, numa espécie de corredor escuro onde todas as referências se embaralham: a infância está desaparecendo, o futuro não passa de uma abstração. Tentamos avançar, sem parar muito, sem olhar muito para trás, sem nos estropiar muito, porque no fim do corredor há uma luzinha a que nos apegamos. Mas, quando a alcançamos, a paisagem não é exatamente igual àquela de nossa imaginação, e às vezes a desilusão é cruel. Pelo menos ela nunca se dá sem um questionamento que pode ser radical e assumir a forma de uma demolição, porque nem o mundo nem nós mesmos estamos à altura de nossas esperanças.

Pode-se considerar que se machucar, colocar-se em perigo é um comportamento normal na adolescência. Como se, para tornar-se dono de si, fosse preciso se estropiar. Poderíamos comparar a adolescência com um carro de corrida superpotente, de alto desempenho, capaz de rodar a 280 km/h. Para manter o motor intacto, é preciso amaciá-lo e, para não correr perigo, respeitar os limites de velocidade. O motorista adolescente não quer nem saber dessas recomendações de prudência elementar, ele funciona no turbo e quer ir rápido; é ele quem decide e não pode aceitar refrear-se. Seus comportamentos de risco lhe provam que está vivo, dando-lhe a sensação de sua própria existência e fazendo-o crer que é todo-poderoso, que não tem limites, como no tempo da infância. Ao mesmo tempo, porém, também são um meio de romper com o conforto, a suavidade da infância que ele já não quer. Fragilizado por natureza, poderíamos dizer, o adolescente se acredita, contudo, invulnerável. E, quanto mais frágil ele é, mais se convence e quer mostrar que não é.

Além do mais, machucar-se, estar infeliz tornam-se modos de se distinguir. Aquecimento do planeta, desemprego, queda do poder aquisitivo, endividamento, guerras... o mundo vai mal, o futuro é incerto, mas a felicidade nunca esteve tão bem de saúde e passou a ser obrigatória para todos e em qualquer idade. Haveria até receitas que possibilitariam manter-se num estado de felicidade permanente. Isso supondo que a alma e o psiquismo fossem músculos passíveis de serem treinados – aqueles que não atingissem essa euforia coletiva seriam, portanto, suspeitos de não se submeter com suficiente disciplina a seus exercícios diários de beatitude aplicada. Nesse contexto, a dúvida e a fragilidade parecem incongruentes; não é difícil imaginar que possam ser considerados marcas distintivas, uma maneira de se singularizar escapando ao dever de felicidade imposta.

Acontece que "a felicidade não existe, há apenas a dificuldade de viver", dizia Maud Mannoni com razão. Os adolescentes sabem disso melhor que ninguém, eles que esbarram o tempo todo na incerteza, no questionamento, na reconsideração sobre o que são e em que acreditam. Os adultos não deveriam esquecer-se disso: num curioso paradoxo, surpreende-os que os filhos crescidos não sejam felizes ao passo que lhes dizem o tempo todo que "antigamente era melhor", reinventando constantemente um passado quase sempre mais próximo da fantasia do que da realidade. Os adolescentes acabam por acreditar neles, quase por invejá-los, ao mesmo tempo que os detestam por tê-los espoliado de tudo legando-lhes um mundo em perigo. Apesar disso, e sem temer cair em contradição, os pais continuam invejando sua juventude, juventude que se esforçam para conservar a qualquer preço, e os acusam de não aproveitá-la o suficiente. Como Hugo, os adolescentes têm "tudo". Mas os adultos e a sociedade inteira, ladrões de adolescência, não estariam confundindo conforto material com prazer de ser, de existir, de desejar? Ao contrário do que imaginam, as aspirações adolescentes não se limitam à posse de um celular ou de um i-Pod. Elas são mais amplas, mais exigentes também.

Na Maison de Solenn, Hugo foi recuperando paulatinamente a autoconfiança. Depois de receber alta, retomou os estudos e, atualmente, tem uma namorada "fixa", leva uma vida mais calma, ainda que de tempos em tempos os velhos demônios venham atormentá-lo. Ele diz que sua internação foi "um segundo nascimento", e, quando levanto a suposição de que esteja querendo nos bajular, ele responde: "Não, eu tinha perdido o cronômetro, vivia sempre o instante. Agora sei que o tempo é algo que se constrói." Portanto, ele acabou com a presentificação permanente tão característica da adolescência, em que ontem e amanhã deixam de existir. Ser psiquiatra de adolescentes é possibilitar que cada um reencontre o tempo, aprenda que o presente, para ser plenamente vivido, precisa de passado e de futuro.

6. Depressão e suicídio

As perturbações da adolescência e os questionamentos radicais que elas impõem provocam oscilações do humor totalmente banais. Entre entusiasmo e morosidade, elã vital e depressividade, o adolescente consegue, geralmente, encontrar uma aparência de equilíbrio. Contudo, alguns acontecimentos que exacerbam uma fragilidade latente podem estar na origem de uma depressão que leva a duvidar de tudo e, sobretudo, de si mesmo e das próprias capacidades de enfrentar uma vida que, de repente, parece menos estimulante. O marasmo e a paralisia são tais que congelam qualquer perspectiva de futuro, e o adolescente às vezes imagina que não há outra solução senão a morte, única capaz de pôr fim a um sofrimento para o qual não vê saída.

O confronto com o fracasso

29 de dezembro de 1966. Embora possa parecer distante, lembro-me dessa data como se fosse ontem. Como a organização do serviço deixasse a desejar, estávamos dois médicos residentes, Paul e eu, sozinhos naquele dia no serviço de nefrologia. Um paciente com uma doença crônica teve um ataque cardíaco e faleceu. Pouco depois, fui ao quarto de um jovem que padecia de uma nefropatia. Quando perguntei sobre seu estado, ele me disse, como se nada fosse: "Amanhã é dia do meu santo." E acrescentou em seguida: "Quando eu tiver morrido, você vai pensar sempre na festa de Saint-Roger?" Ele morreu pouco tempo depois, e não se passa um ano sem que, de fato, eu pense nele no dia 30 de dezembro, dia de Saint-Roger.

Em medicina, as primeiras mortes que enfrentamos são sempre terríveis, quase terrificantes. Vêm acabar com a empolgação da juventude, com o sentimento um pouco ingênuo de onipotência que alguns podem ter. Por que escolher estudar medicina se não pela esperança um pouco louca de cuidar e curar, portanto, de combater a morte e conseguir fazer a vida triunfar? A morte de um paciente não só nos confronta com os limites de nossa própria competência e com os da ciência médica em geral como também provoca um sentimento de culpa. Terei feito tudo o que era possível? Não serei em parte responsável? Estive suficientemente presente, suficientemente próximo? O paciente sentiu-se realmente apoiado ou, ao contrário, teve a impressão de ser abandonado? A lição é sempre dura: ao contrário do que imaginávamos, não é possível controlar tudo; é preciso aceitar que às vezes a doença é mais forte que nossa ciência médica.

Mas o que é verdade para o médico, seja ele cardiologista, oncologista, gastroenterologista ou outro, é bem diferente para o psiquiatra, pois, exceto nos casos em que uma patologia somática vem se acrescentar ao distúrbio psíquico, a morte em psiquiatria é sempre o suicídio. A agressividade que esse ato exprime em relação ao meio, familiar e de amigos, não poupa o profissional de saúde, para quem significa sua incompetência, suas falhas. Pelo menos é assim que sinto. O suicídio de um paciente é um fracasso que não consigo curar.

Serviço de pediatria do hospital Nord, em Marselha. Sylvie, 19 anos, sofre de uma anorexia severa há vários anos. É alimentada por sonda porque se recusa a comer e a beber. Detalhe chocante: Sylvie sussurra mais que fala e, quando as pessoas se espantam, explica que conta a quantidade de vezes que respira para ter certeza de não se encher de ar, o que a faria ganhar peso.

Os meses passam e seu estado não melhora, ou melhora muito pouco. Ela engorda um pouco graças à sonda, mas a estabilização nunca é duradoura e ela começa a emagrecer de novo, resistindo a todo tratamento... Diante de seu distúrbio, minha vontade de curar não tem peso nenhum – e não se trata de um jogo de palavras perverso. Um psiquiatra-psicanalista muito talentoso propõe então me substituir e se responsabilizar pelo tratamento da jovem. Aceito, convencido de que certamente ele se sairá melhor do que eu, de que terá sucesso ao passo que eu fracassei.

Mas Sylvie se enforcou pouco tempo depois, quando adquiriu autonomia, sozinha no seu quarto da cidade universitária. É uma história que aconteceu há mais de vinte e cinco anos, mas que me marcou de tal modo que penso nela o tempo todo. O fato de Sylvie já não ser minha paciente naquele momento não foi suficiente para afastar a culpa. Ao confiá-la a outro, não terei passado para Sylvie a sensação de que eu a abandonava? Meu maior erro não terá sido achar que eu era mais incompetente do que na verdade era?

Evocando a história de Sylvie, a de Marie. Ela também tem 19 anos e, há mais de um ano, sofre de depressão severa. Foi internada primeiro num estabelecimento da cidade onde cursa a universidade, mas, em vista da pouca evolução de seu estado, ela nos foi enviada.

Sua doença começou quando ela acabava de iniciar brilhantes estudos de medicina, seguindo assim as pegadas do pai, por quem tem uma louca admiração, mantendo com ele uma relação edipiana um tanto forçada. Seus pais se separaram, não sem conflitos, alguns anos antes. O pai mora com uma nova companheira de quem a jovem gosta muito. As relações com a mãe são mais distantes do que realmente tensas, mas sem dúvida a moça tem a sensação de que traiu a mãe duas vezes: ao escolher morar com o pai e ao fazer aliança com a nova mulher dele.

Marie passou três semanas na Maison de Solenn: mostrou-se agradável, participava de vários cuidados culturais, era querida por toda a equipe devido à sua gentileza e boa vontade. Seu estado parecia estabilizado, pensou-se em alta. Como sempre, esta foi precedida por uma entrevista da paciente e do pai com um psiquiatra. A entrevista confirmou a melhora do estado da jovem.

No entanto, assim que voltou para casa, Marie se suicidou, por enforcamento.

Não posso me impedir de pensar que sou em parte responsável por essa passagem ao ato, ainda que, por motivos pessoais (o pai dela é amigo meu), eu não a tivesse visto antes da alta. Digo a mim mesmo que deveria ter estado presente. Não por não ter confiança na minha equipe, mas porque é esse o meu papel. Será que poderíamos ter impedido que ela se suicidasse? E como? Mantendo-a por mais tempo na instituição? Que fragilidade não conseguimos detectar? Marie, assim como Sylvie, levam-me a pensar que fiquei distante demais.

Aceitar os próprios limites

Faz três anos que a Maison de Solenn abriu as portas e essa foi a única vez que um suicídio ocorreu. Seria de pensar que é pouco, dado que 10 a 15% dos adolescentes internados podem, de uma maneira ou outra, ser considerados em perigo de morte: consequências da desnutrição na anorexia, depressão melancólica, comportamentos de risco. Contudo, um único suicídio ainda me parece demais. E o fato de ter ocorrido fora de nossos muros não muda nada.

Desde 1986, o número de mortes por suicídio vem diminuindo. Mas de 600 a 800 jovens continuam morrendo assim todos os anos, o que faz do suicídio a segunda causa de mortalidade entre os jovens, logo depois dos acidentes automobilísticos – dos quais alguns podem, aliás, ser comparados a comportamentos de risco suicidas. As tentativas de suicídio, ao contrário, vêm aumentando regularmente. De 40.000 a 60.000 jovens são internados depois de uma passagem ao ato, sem contar aqueles cuja tentativa não dá lugar a uma internação, o que representaria mais de 1 adolescente em cada 2.

Para mim, o suicídio representa o fracasso principal. Há outros, infelizmente. Uma anorexia que não evolui, uma depressão que perdura, uma conduta de risco reiterada... tudo o que, instalando-se no tempo, corre o risco de provocar uma cronificação do distúrbio. Esta raramente é destituída de efeitos colaterais: desescolarização, dessocialização, isolamento... que ameaçam o futuro do sujeito. Tratar do adolescente é, ao contrário, abrir novamente as perspectivas e as possibilidades.

O fracasso é sempre um fracasso pessoal. Questiona minha prática e minha atitude. Estarei adaptado àquele determinado caso? Sou bastante competente? Terei me enganado no tratamento prescrito? Na interpretação que fiz do distúrbio? Minha empatia com o adolescente terá sido suficiente? E com sua família?...

Qual a diferença entre o jovem médico residente que fui e o chefe de serviço que me tornei? Ela é fundamental. O segundo, ao contrário do primeiro, sabe que pode fracassar. O questionamento que isso supõe nunca é confortável, mas ao menos permite não atribuir o próprio fracasso à psiquiatria em geral ou livrar-se da responsabilidade jogando-a para a equipe. Recusar o fracasso seria aferrar-me a um sentimento de onipotência – próximo da patologia! Seria uma maneira indireta de tornar o paciente culpado por meu fracasso e o único responsável por sua patologia, à qual ele se aferraria, entrincheirado atrás de suas defesas e resistências.

Estas evidentemente existem e ajudam o adolescente a proteger sua economia psíquica, mas o psiquiatra não deve limitar-se a constatá-las. A questão é saber por que ele não consegue derrubá-las. Nesses casos, é preciso reconhecer que se fracassou e saber passar a bola. Não se trata de abandonar o adolescente, dizendo com isso que ele seria incurável, irrecuperável, mas, ao contrário, oferecer-lhe uma nova chance, abrir-lhe novos caminhos, reinstaurar uma dinâmica quando as coisas parecem enquistadas. Os atendimentos a longo prazo criam sem dúvida uma proximidade que tranquiliza, mas podem acabar se tornando um freio à evolução. Reconhecer que se fracassou é aceitar a ideia de que não há psiquiatra redentor, psiquiatra para todos os terrenos adaptado a todos os casos, que possa tratar de tudo e de todos.

Da tentativa isolada ao suicídio de repetição

Milène foi internada no serviço depois de tentar se suicidar engolindo medicamentos. Passado certo tempo, o psiquiatra que a acompanhava pediu que eu a visse, pois estava preocupado com sua evolução. Ela não se ajusta bem a uma família que, no espaço de duas gerações, alcançou o topo da escala social. Por esse motivo, um mandato transgeracional de sucesso obrigatório pesa sobre os ombros de Milène, que o recusa. Não quer o destino que escolheram para ela, tem ambições modestas em comparação com as que os pais e os avós alimentam para ela, e não sabe como fazê-los entender isso. Mas não são esses os motivos que a levaram a engolir medicamentos. Milène tentou se matar depois de uma ruptura amorosa. Por meio desse gesto, quis livrar-se tanto de seu sofrimento quanto da lembrança do rapaz que a tinha traído, dizia ela.

A entrevista que tenho com ela me convence de que agora Milène está bem. Já não se sente infeliz, lamenta o ato que cometeu, embora reconheça que não lhe desagradou ser paparicada, cuidada. Principalmente, viu o pai, geralmente distante, aproximar-se dela e a família em geral preocupar-se mais com ela, com seus desejos, e já não só com seus resultados.

Sente-se um pouco mais reconhecida e aceita pelo que é, e já pensa em uma nova história de amor.

O que vou dizer pode parecer um truísmo: um adolescente que comete um ato suicida, "bem-sucedido" ou não, nunca está bem, mesmo que o entorno às vezes afirme que não percebeu nenhum sinal do que ocorreria, que não há nenhuma explicação para seu ato. Assim, alguns suicídios permanecem misteriosos, incompreensíveis para os familiares, mas sempre vêm revelar um mal-estar que não pode ser expresso. Por outro lado, a passagem ao ato costuma ser precedida de vários sinais aos quais é preciso prestar atenção: distúrbios do sono ou do apetite, fadiga, alteração de comportamento (fugas, consumo excessivo de fumo, de álcool ou de drogas...). Todos esses sintomas podem traduzir um sofrimento que não consegue ser dito. Reconheçamos que nem sempre é fácil decifrá-los; tendemos a tomá-los por manifestações totalmente banais de uma adolescência raramente destituída de altos e baixos, de queixas somáticas diversas.

Toda tentativa de suicídio deve ser levada a sério. Ainda que os meios utilizados pareçam anódinos, o ato nunca o é. Vem sempre expressar o mal-estar ou, melhor dizendo, o desejo de acabar com esse mal-estar, mais do que o desejo de acabar com a vida. O adolescente tenta se suicidar mais para pôr fim a um sofrimento considerado insuportável do que para se matar, esquecendo às vezes que a morte pode comparecer ao encontro. Toda passagem ao ato exige, portanto, a maior atenção, e os pais jamais devem banalizá-la: é sempre necessário que o adolescente consulte um psiquiatra nesse momento. Dada a amplitude do fenômeno, que pode ser considerado um problema de saúde pública, cabe almejar a criação de serviços de suicidologia: nas equipes de urgência, psiquiatras particularmente competentes nesse campo contribuiriam com sua experiência na colaboração com médicos, pediatras etc., colocando tudo em obra para impedir a recidiva.

Com efeito, os números parecem indicar que, nos seis meses que se seguem à primeira passagem ao ato, o risco de recidiva dobra. Em 60% dos casos, as segundas tentativas seriam mortais, o que representa a metade do número de suicídios anuais. Isso significa, *a contrario*, que, em cada duas primeiras tentativas, uma é mortal.

Mas, para quem se interessa por números, é forçoso constatar que, de cada duas tentativas de suicídio, uma será, felizmente, um ato isolado e absolutamente não pressagia um distúrbio psíquico. Reação a um acontecimento particular, serve para aliviar uma tensão, atenuar um sofrimento intenso demais e de certa forma permite recomeçar do zero. Nem todas as tentativas de suicídio são da alçada da psiquiatria. Todas devem efetivamente dar lugar a uma consulta, mas nem todas necessitam de um acompanhamento psicoterápico de longo prazo.

A epidemiologia é de interesse do psiquiatra; no entanto, os números não devem fazer com que ele esqueça que cada caso é singular. Eles não intervêm na relação que se instaura entre ele e o paciente. Os números falam de categorias, de tendências, ao passo que ao psiquiatra só interessa a história pessoal do sujeito. Ele não vê "uma TS", mas um indivíduo que não encontrou outro meio para exprimir sua dor. Cabe a ele compreender esse sofrimento e ajudar o sujeito a mentalizá-lo para já não ter necessidade de passar ao ato quando porventura se vir diante de uma nova dificuldade que o fragilize.

Encontrar a calmaria pulsional

Em contraposição a essas tentativas isoladas, alguns adolescentes passam ao ato de forma repetitiva. A tal ponto que os especialistas falam de "adição ao suicídio". Termo derivado do inglês *addict*, a adição poderia ser pensada como o novo mal do século, e a palavra está tão na moda que se aplica indistintamente a tudo: adição às drogas, ao trabalho, ao chocolate, aos *videogames* e aos jogos de azar, ao sexo... e assim por diante. Mas, ao colocar tudo no mesmo saco, corre-se o risco de perder o latim. Latim este que, diferentemente do inglês, fala de *dependência*. Essa palavra expressa melhor a questão: por não querer reconhecer sua dependência em relação ao outro – inevitável, ainda que de intensidade variável –, por querer negá-la para melhor se afirmar autônoma, a pessoa recorre a um substituto, um produto de que se torna dependente: o hábito se cria, já que é preciso aumentar incessantemente as doses para recuperar um estado de bem-estar. Esse produto, como a heroína em especial, tem efeitos fisiológicos indiscutíveis, razão da falta que se sente quando se é privado dele. A falta é física, embora, em outros casos, seja somente psíquica. Graças a um produto, ou até graças a um comportamento, habituamo-nos a estar num certo estado, geralmente agradável e relaxado, e recorremos a ele sempre que já não sabemos como nos livrar de uma tensão psíquica grande demais. É o caso do baseado da noite que ajuda o adolescente a adormecer (ao passo que seus pais talvez prefiram uma pequena dose de bebida alcoólica), como um ritual que vem apaziguar as angústias. Mas também podemos considerar que certas escarificações são dessa ordem, procedimentos autocalmantes que permitem encontrar a calmaria pulsional. Vejo neles até um equivalente de micros-suicídios – poderíamos falar de suicídios não realizados –, que protegem de uma passagem ao ato mais radical.

O suicídio de repetição inscreve-se nessa mesma lógica, ele obedece a uma espécie de compulsão: é como um pedido de socorro, o único meio de dizer quanto se está mal e de se fazer ouvir e reconhecer. Claro que isso não significa que não se deva prestar atenção a ele, ainda que as tentativas tenham algo de ridículo ou de teatral. Porque há sempre um risco numa tentativa de suicídio: o de não falhar. Alguns adolescentes morrem, a despeito deles, embora não o quisessem de fato.

Já expressei minha admiração por Arthur Tatossian. Não havia ninguém melhor para nos levar a refletir, sempre apresentando o contraponto do que dizíamos com a finalidade de ampliar nosso ponto de vista e nossa forma de pensar. No entanto, havia um ponto sobre o qual eu discordava dele, justamente o suicídio. Um dia fiz uma exposição sobre o tema, defendendo um acompanhamento ininterrupto capaz de erradicar o risco de suicídio, e ele fez este comentário inapelável:

"É preciso, de fato, ser megalomaníaco para acreditar que se pode impedir o suicídio de alguém que o deseja." Essa afirmação categórica me abalou por alguns instantes. Haveria uma fatalidade do suicídio? Seria preciso então resignar-se a não fazer nada senão esperar o momento em que o paciente passasse ao ato? Ainda hoje continuo achando que, nesse ponto, Tatossian estava errado. Deve-se pôr tudo em obra para impedir um adolescente de se suicidar. Nesse sentido, a intervenção em domicílio merece ser desenvolvida nos próximos anos.

As várias faces da depressão

Alexandre tem pouco menos de 20 anos. É um rapaz alto e bonito que, aquele dia, vem sozinho à consulta. *Jeans* pretos, camiseta preta com a efígie de um grupo de Heavy Metal, longa capa preta que chega aos tornozelos: seu *look* não deixa de lembrar os góticos, mas numa versão que poderíamos qualificar de *soft*. Está no primeiro ano de economia, é apaixonado por música, ficção científica e *heroic fantasy*.

Alexandre diz que os pais o incentivaram a marcar uma consulta porque acham que está deprimido. Sua vinda leva a pensar que ele não discorda deles, mas minimiza as coisas. Às vezes fica para baixo, como todo o mundo, mas não é algo duradouro. Tem amigos, trabalha, vai a concertos, a baladas, mas às vezes, é verdade, ele se pergunta a que tudo isso leva e se tem sentido.

Alexandre fala com desenvoltura, é vivo, simpático, tem senso de humor e uma boa capacidade de rir de si próprio. Sua aparência está longe de ser a do deprimido tal como o imaginamos e vemos com tanta frequência: retraído, um pouco átono, triste, inquieto, ansioso até, com dificuldades para se exprimir.

Por que, então, Alexandre vem se consultar? Ele dá de ombros, afirma que na sua decisão há um pouco de curiosidade: queria ver mais de perto como seria uma consulta psiquiátrica.

Quando lhe pergunto se ele chega a ter ideias realmente sombrias, balança a cabeça em sinal de assentimento, ri, mas se mantém calado. Explico, então, um pouco mais o que quero dizer: ele já pensou em suicídio?

E então Alexandre se lança numa exposição muito detalhada sobre as diferentes maneiras de se suicidar: enforcamento, medicamentos, defenestração, arma de fogo... De cada uma, conhece os efeitos, a provável duração da agonia, os riscos de dar errado, a aparência do corpo quando é encontrado. Evoca tudo isso com um ar relaxado, num tom quase brincalhão. Quando comento que aqueles são pensamentos bastante estranhos para um rapaz de sua idade, finge espanto. Por pouco invocaria quase uma curiosidade científica.

Costumam dizer que é "normal" um adolescente pensar na morte. Primeiramente, porque está chegando a uma idade em que se dá conta de que os pais são mortais e que, por conseguinte, ele também é. E porque faz indagações sobre si mesmo, sobre seu futuro, sobre suas capacidades de agradar, de amar e de ser amado, sobre a vida em geral e, portanto, sobre a morte também, já que são indissociáveis.

Contudo, é preciso distinguir essa ideia da morte, banal, da ideação suicida, mais preocupante, que consiste em imaginar o que pode ser e significar o suicídio, e do cenário suicida, francamente alarmante, em que o adolescente pensa no seu próprio suicídio, concebe um meio de passar ao ato e em certa medida o realiza, imaginando o lugar, as reações das pessoas etc.

Há quem afirme que a ideação suicida faz parte, muitas vezes, do questionamento intelectual ou até filosófico, mas, para mim, isso nunca parece anódino. Por trás do discurso, aparecem a dúvida e a fragilidade: A vida vale a pena ser vivida? Vou conseguir? Isso talvez não indique que o adolescente tenha em mente a morte, mas sim que imagina uma vida difícil de que tem medo suficiente para pensar que pode lhe pôr um fim.

Diante de qualquer discurso adolescente sobre o suicídio, vamos evitar concluir apressadamente que se trata de uma postura. Com efeito, são muitas as ideias equivocadas sobre o suicídio. A primeira consiste em achar que, se o adolescente fala a esse respeito, ele não passará ao ato; a segunda é pensar que, se o adulto lhe fala a respeito, pode lhe pôr na cabeça ideias que ele não tinha. É verdade que nem sempre é fácil para os pais fazer uma pergunta direta, uma vez que o tema é tabu; mas o psiquiatra não tem as mesmas reticências. Sabe que o risco de suicídio é ainda maior nessa idade em que a experimentação dos limites do corpo e a transgressão dos interditos acarretam uma propensão característica a passagens ao ato. Sabe também que, se o adolescente vem consultá-lo, é porque, provavelmente, não está se sentindo bem. Finalmente sabe que, se a histérica pode evocar o suicídio com a vontade manifesta de preocupar as pessoas próximas, o melancólico, por sua vez, não diz nada: para ele, o suicídio já não é uma possibilidade, da ordem de uma escolha, é a única solução, e ele empregará meios radicais que lhe deixarão poucas chances de fracassar.

Para o psiquiatra, expor sua prática sem cair num discurso alarmista é um exercício de equilibrista. Sabe-se que foi a partir do patológico que Freud esclareceu o funcionamento "normal" do ser humano; mas será que o psiquiatra deve extrair leis gerais do que vê, ouve e trata? Ele não é nem epidemiologista, nem estatístico, nem sociólogo. O psiquiatra é o cronista dos pequenos acontecimentos do psiquismo e de seus conflitos entre eu, isso e supereu, consciente e inconsciente. Ele não lida com a sociedade como um todo, mas apenas com uma pequena parcela da sociedade que não está bem e que sofre. Esse mal-estar e essas dificuldades estão, claro, ligados ao contexto social, mas não são suficientes para descrevê-lo. Embora a patologia efetivamente esclareça a normalidade, o psiquiatra deve tomar o cuidado de não erigir uma norma a partir dela. Os adolescentes que encontra são os que não conseguem atravessar sozinhos esse período delicado, felizmente pouco numerosos em comparação com os que estão bem. Daí a desenhar o retrato de uma geração e fazer brotar a preocupação nos pais, já bastante preocupados, é um passo grande demais que eu não gostaria de dar. O psiquiatra é alguém que desmascara. Passa o tempo buscando o que há sob a(s) máscara(s) que serve(m) para o adolescente como identidade emprestada antes de ele encontrar a sua própria. Sob a máscara do rapaz sorridente, Alexandre dissimula um tema melancólico importante, avassalador, e ele precisa de tratamento. Está em plena depressão, mas, por não apresentar os sintomas clássicos, não tem consciência disso. A menos que esteja negando seu estado.

Entre colapso e hostilidade

Claire sofreu uma agressão sexual com estupro no verão de seus 14 anos. Levou seis meses até conseguir falar sobre esse trauma, com a enfermeira da escola, e não com os pais. Assim, o colégio assumiu o caso, alertou o juiz, e por essa razão os pais sentiram-se destituídos de sua responsabilidade para com a filha.

Desde esse acontecimento, as relações entre eles ficaram muito tensas, diz Claire. Ela mora com o pai e se queixa de sua agressividade, das palavras ofensivas que ele pronuncia na sua frente a respeito da mãe, de suas inúmeras aventuras amorosas, embora ele não tenha esperado a separação para "pular a cerca". Ela sabe que ele teve uma infância infeliz – pai ausente, mãe distante, cujo amor e atenção pareciam estar reservados exclusivamente para a irmã mais nova –, muitas vezes ele a mencionou na frente da filha, que em geral se mostrava compadecida. Agora, porém, ela o acusa de querer fazer todo o mundo pagar pelos seus anos de infância, a começar por sua família, que ele se empenha em tornar infeliz.

Claire é muito pouco mais clemente com a mãe, a seus olhos culpada de passividade e resignação, e por não ter conseguido tornar o pai suficientemente feliz. Ela também se queixa do local em que mora, onde, segundo ela, "os jovens ou não fazem nada, ou fazem bobagem". Foi por isso, aliás, que ela fugiu várias vezes, recusando-se, na volta, a dizer o que tinha feito. Às vezes, de noite, ela escapa para ir à balada com amigas, e chega a faltar no colégio quando os professores lhe enchem a paciência... Ela quer ser "enquadrada", deseja ir para um internato, e os pais se perguntam se para ela é uma boa solução ficar sozinha, longe do ambiente habitual.

Por outro lado, Claire mostra-se hostil a qualquer tratamento, já teve um contato ruim com uma psicóloga e, na última sessão, preferiu dar o "cano para ir fazer a festa". Parece bastante circunspecta em relação a mim como psiquiatra, e acha que, de todo modo, não vou entender nada, pois ninguém a entende.

De fato, desde a agressão sexual de que foi vítima, Claire não consegue superar esse trauma e permanece numa posição depressiva particular. Enquanto alguns vivem um verdadeiro colapso, ela fica numa depressão hostil, agressiva. Tem raiva do mundo todo, sobretudo dos pais, como se os acusasse inconscientemente de não terem estado presentes, de não a terem protegido quando ela precisou.

A depressão pode assumir muitas formas e variar de intensidade, mas poderíamos dizer que, de certo modo, é quase inerente a esse período da vida. Com efeito, o mal-estar adolescente não é uma invenção de psiquiatra. Quem sou? Serei capaz de agradar? Que escolhas devo fazer? Vou conseguir? Ao sabor dos dias e dos humores, esses questionamentos incessantes podem gerar momentos de tristeza e de ruminação. Fala-se de depressividade quando esses momentos duram um pouco mais. Eles sobrevêm sem aviso, sem relação com um acontecimento particular, mas o elã vital parece ficar suspenso, já não se tem vontade de nada, a ideia de interromper determinada atividade se faz sentir, a projeção para o futuro se congela... O adolescente evoca então aquele "aquoiboniste"*

· · · · · · · · ·

* Título de canção de Serge Gainsbourg, neologismo criado a partir do francês *à quoi bon?*, que significa "para quê?", "o que adianta?". *Aquoiboniste* é então o indivíduo fatalista, resignado, que para tudo diz "para quê, não adianta nada mesmo." [N. da T.]

cantado por Gainsbourg. No entanto, trata-se em geral de um período transitório, mais de baixo-astral do que de depressão, e, de uma consulta para a outra, podemos nos surpreender com a labilidade do humor: aquele que nos parecera deprimido chega na vez seguinte com um amplo sorriso, parece até ter esquecido sua recente tristeza. Tudo isso, em suma, é banal, faz parte da vida e, mesmo depois da adolescência, qualquer um tem "dias bons" e "dias ruins".

Depressão é outra coisa. Em alguns casos, é reativa, emerge por causa de um fracasso escolar, de uma ruptura amorosa ou, como no caso de Claire, de uma agressão sexual. São fatos que reforçam a vulnerabilidade de um sujeito já fragilizado pela adolescência, ocasionando um autoquestionamento e sentimentos em que a culpa, a vergonha e a incompreensão se misturam. O luto, consecutivo à perda de um ente querido, não é uma depressão, mas pode lembrá-la, pois os sintomas são parecidos: humor triste, desinvestimento dos centros de interesse, retraimento, ausência de projetos, perda da energia vital, ideias sombrias, dificuldade de encontrar sentido para a vida... A estes se acrescentam às vezes sintomas somáticos: perda de apetite, distúrbios do sono, fadiga... Assim, a troca do dia pela noite é um indício importante de depressão no adolescente.

Se todos esses sintomas perduram no tempo, a depressão deve ser considerada uma doença e exige um atendimento psicoterápico, ao qual alguns acrescentarão antidepressivos, para atenuar a dor psíquica e a angústia. Embora os medicamentos não impeçam o trabalho de mentalização necessário para entender o que está acontecendo dentro de si, é um contrassenso limitar o tratamento da depressão à sua prescrição. Eles certamente eliminarão os sintomas, mas o adolescente poderá conservar, enquistada no fundo de si, uma fragilidade particular que irá se reativar à menor onda de choque.

É preciso insistir aqui no fato de que as depressões, cada vez mais numerosas, podem ser consideradas uma doença moderna. Numa sociedade que prega a ação e pressiona cada um de nós a ser um batalhador, agente de sua vida, capaz de dar conta de tudo, a começar por suas emoções, a depressão se torna uma espécie de refúgio ou, pelo menos, um meio de se opor a essa pressão permanente que faz abstração das necessidades fundamentais da natureza humana.

Além dessas depressões exógenas, observam-se depressões endógenas, outrora designadas pelo termo *melancolia*: devem-se a uma predisposição pessoal do sujeito, não são consecutivas a um acontecimento desencadeante, mas sobrevêm por intermédio de mecanismos intrapsíquicos nem sempre fáceis de identificar. Ocorre com a depressão o mesmo que com outros distúrbios psíquicos: nenhum gene foi isolado, mas nota-se que existe em certas famílias um terreno favorável. A adolescência é então o momento de um primeiro episódio depressivo que corre o risco de se reproduzir no futuro, em intervalos mais ou menos longos contudo. Os sintomas são os mesmos evocados anteriormente, embora mais acentuados, e, se não são tratados, podem perdurar por longos meses.

A propósito dos transtornos bipolares

Esta lembrança remonta à minha época de interno. Numa noite de plantão, os bombeiros trazem uma mulher muito agitada, que está se debatendo, tentando morder e arranhar. Foram chamados por vizinhos, alertados pela gritaria que já ouviram muitas vezes e que indica que a mulher está em crise. Ela xinga violentamente os bombeiros, acusando-os de contê-la sem motivo, passa-lhes uma descompostura alegando que estão adotando atitudes obscenas com relação a ela, ameaça dar queixa: eles que se cuidem, ela tem costas quentes, sua vingança será terrível.

Quando me aproximo, ela tenta se atirar contra mim para me estapear. Fico, portanto, a uma distância segura, mas a conversa não dá certo: é impossível lhe perguntar o que quer que seja, a mulher engata jogos de palavra, sua fala é rápida, assim como seu pensamento, que passa de um assunto a outro, num jogo de associações que ela mesma tem dificuldade de acompanhar, de tão incoerente que seu discurso parece. Em intervalos regulares, ela faz menção de escapar e é imediatamente contida por enfermeiros. Não vejo outra solução senão colocá-la em isolamento durante a noite, pois há o risco de ela agredir os que se aproximam e também a si própria.

Na manhã seguinte, ao chegar ao serviço, Arthur Tatossian nos reúne para fazer um apanhado do que ocorreu durante a noite. Ele me repreende por tê-la colocado em quarto de isolamento, o que, segundo ele, mostra minha incapacidade de acalmar uma paciente presa de uma agitação maníaca. Juntos, vamos visitá-la. Ela parece furiosa por me ver, exige que eu saia e, ao mesmo tempo, dá a Tatossian uma demonstração de doçura e de charme. A tal ponto que ele se desculpa por mim, promete deixar a porta do quarto aberta e me olha como que dizendo que ele tinha razão, que é sempre possível negociar com um doente e acalmá-lo. Quando ele está prestes a sair, a mulher o chama de volta, pede que se aproxime para que possa lhe dizer algo sem que eu escute. Assim que ele se aproxima o suficiente, ela lhe enfia as unhas na orelha e o arranha até lhe tirar sangue, berrando: "Enrico Macias, Enrico Macias!*..."

Essa mulher, em plena fase de excitação maníaca, padece de uma psicose maníaco-depressiva, hoje designada pelo termo transtornos bipolares. Como o nome indica, eles se caracterizam por uma alternância de episódios depressivos melancólicos, tais como os que acabamos de descrever, e episódios maníacos. O sujeito fica então num estado de grande excitação que nada parece ser capaz de acalmar. Como aquela mulher, fala muito, faz jogos de palavras, trocadilhos – ambos muitas vezes com conotação sexual –, dorme pouco, fuma muito, tem dificuldade de se manter quieto, é presa de ideias megalomaníacas, ou mesmo de delírios de grandeza. Os episódios se sucedem em intervalos mais ou menos longos e, para estabilizá-los, é preciso recorrer a um tratamento à base de timorreguladores (reguladores do humor).

· · · · · · · · ·

* Famoso cantor franco-argelino. [N. da T.]

Vejo poucos transtornos bipolares na Maison de Solenn. Não dispomos, é verdade, de quartos de isolamento, necessários para certos doentes "em crise" que podem machucar os outros ou a si próprios. São, portanto, encaminhados para outras estruturas. O que costumo encontrar são adolescentes depressivos, ou ditos "hipomaníacos", alternando depressividade e excitação, mas de intensidade moderada. Mais comumente, o adolescente cria para si mesmo estados maníacos absorvendo certas substâncias como o ecstasy, o LSD e até a maconha, e o "bode", passado o efeito da droga, muitas vezes gera um estado um pouco melancólico.

Minha experiência leva-me a pensar que, na adolescência, a depressão é geralmente exógena. E tendo a desconfiar do termo "bipolar" empregado a torto e a direito. Exagerando um pouco, poderíamos dizer que cada um de nós o é à sua maneira e em graus diversos. É a chamada ciclotimia, que parece ser uma das características da adolescência.

Do bom uso dos medicamentos

Arthur Tatossian foi um daqueles médicos humanistas que me serviram de exemplo e deixaram em mim uma marca indelével. Ele se distinguia por sua fantástica proximidade com os pacientes, sua empatia. Sempre tenho em mente aquelas cenas em que, acolhedor e protetor, ele pegava os melancólicos nos braços e lhes perguntava suavemente: "Como estão as ideias hoje? Negras negras ou mais para cinzentas?"
Quando eu era interno principiante no seu serviço, certo dia ele pediu que eu fosse ver um paciente. O jovem me recebeu sem disfarçar sua agressividade. Seria por causa da minha idade? Por causa do crachá no meu jaleco que destacava minha qualidade de interno? Ele não queria falar comigo, não queria tratar com um subalterno, queria ver um médico, um de verdade, e até, melhor ainda, um professor. Resisti por um momento, defendi-me explicando que o próprio médico que ele estava pedindo tinha me mandado vê-lo, mas ele se aferrou à sua recusa de iniciar qualquer conversa. Cansado de brigar, acabei indo procurar Tatossian, que imediatamente aceitou me acompanhar. Ao chegarmos ao quarto, o jovem me olhou de forma hostil enquanto eu lhe apresentava o professor tão espe-

rado. Em seguida, desviou o olhar, observou Tatossian e chiou: "Pedi um professor, não um macaco!

– É verdade, sou armênio, moreno e peludo, mas não sou um macaco" – sorriu Tatossian, dando meia-volta e acrescentando que estava contente em vê-lo e que voltaria um pouco mais tarde.

No corredor, explodi. Aquele mal-educado passou dos limites, faltou ao respeito, vou lhe dar uma lição de boas maneiras. Tatossian olhou para mim com indulgência: "Rufo, não esqueça que ele é um doente." Ele me trouxe de volta para uma realidade que às vezes tendo a esquecer: por considerar que o paciente não é apenas um doente, às vezes perco de vista que ele é também um doente... e quero tratá-lo como um moleque como todos os outros que precisam de um bom corretivo. Sinto-me atacado por sua agressividade, sinal de que ainda lido mal com a contratransferência!

Na Maison de Solenn, vou ver os adolescentes internados com a maior frequência possível. Há a visita "oficial" na quarta de manhã, mas o resto do tempo eu passo, sondo, observo, pergunto as novidades para uns e outros, de maneira informal. Às vezes, um dos terapeutas me pede expressamente que passe no serviço para dar minha opinião, mas não preciso desse convite para entrar no jogo. Não é que eu ache que os pacientes precisam de mim, mas gosto de acompanhar o percurso deles, constatar seus progressos ou, ao contrário, suas passagens difíceis, saber em que pé estão, se a evolução deles está seguindo a curva favorável que eu não consigo deixar de imaginar para eles.

Aquela noite, subi para ver Céline, internada por distúrbios alimentares: ela é bulímica e provoca o vômito. É uma jovem muito simpática, inteligente, fina, muito interessada pela psiquiatria, e dá vontade de estabelecer vínculo com ela. Mas é muito intensamente bulímica também no contato e parece nunca estar saciada. Extrovertida, ela captura a atenção com brio, demanda muito, demais, mais do que é possível lhe dar. Tomada por uma busca impossível de uma relação ininterrupta com o outro, sente-se frustrada e insatisfeita, flerta com a depressão e com o risco suicida que a acompanha. Ela fracassa, embora disponha de todas as qualidades para se dar bem, e não entende. Céline não percebe que é ávida demais de tudo. Conheço sua necessidade de contato e me recrimino por não a ver o suficiente quando ela não está bem.

Aquela noite, está visivelmente de mau humor e me ataca em cheio: "É só agora que alguém vem me ver? Faz horas que estou esperando..." Queixa-se daquele hospital imprestável, de seus terapeutas imprestáveis também, de que ninguém se interessa por ela. Já são mais de 8 da noite, o dia foi longo e sinto certo cansaço. Protesto um pouco por praxe, mas Céline, decididamente tônica, continua a exprimir seu descontentamento. Nem preciso dizer que sou duramente repreendido, mas deixo-a soltar os cachorros sem interromper. Enquanto ela se queixa, volto a pensar numa jovem que vi na véspera, hiperagressiva, no limite do odioso, a quem eu disse que ela era de fato um osso duro de roer; a sorte dela era eu ser psiquiatra, senão teria levado uns belos tabefes... Isso a fez rir e até a fez acalmar-se; ao sair, não bateu a porta, como tinha feito quando chegou...

Contudo, não digo nada a Céline que, depois de um momento, parece se exaurir sozinha. Ela está mais calma, eu estou tranquilo. Quando me levanto para ir embora, ela resmunga: "De qualquer modo, não estou nem aí, tenho tudo dentro do meu urso..." Como muitas outras, ela trouxe em sua bagagem uma lembrança do tempo de infância que, sem dúvida, tem virtudes calmantes, desenhando um vínculo, ainda que tênue, entre ontem e hoje.

Limito-me a pedir que me dê o urso, enquanto a imagem de Tatossian me volta à lembrança. "Não esqueça que é um doente." Graças a ele, aquela noite não esqueci que Céline estava doente. Sei que sua agressividade serve para mascarar seu desespero, para tomar distância em relação a ele. Era melhor ela me atacar do que atacar a si mesma.

No dia seguinte, pedi que o pediatra desse uma olhada no urso. Dentro, ele encontrou um estilete e vários comprimidos de neurolépticos, indicadores de uma possível tentativa de suicídio. Será que Céline teria passado ao ato na noite anterior se eu não lhe tivesse tirado seu doce ursinho?

O que trata pode matar

É principalmente engolindo remédios que as jovens tentam se suicidar. Antidepressivos, ansiolíticos, neurolépticos... todos podem, em determinadas doses, provocar a morte. Isso deveria nos fazer refletir antes de prescrevê-los.

Um esclarecimento: não sou iatroquímico; prescrevo pouco, deixando para outros, mais competentes que eu, o cuidado de fazê-lo. Reconheço que a farmacologia fez progressos consideráveis, possibilitando outra abordagem dos problemas psíquicos e, para os pacientes, melhores chances de integração. Em alguns casos, os medicamentos são indispensáveis: esquizofrenia, transtorno da personalidade ou transtorno bipolar, melancolia... Notou-se, inclusive, que alguns dos chamados neurolépticos de segunda geração têm efeitos positivos sobre formas de anorexia "pura" (sem alternância com episódios bulímicos), em que se sente uma resistência diante da qual quebramos a cara. As adolescentes estão tão esgotadas psiquicamente, tão enredadas em sua doença que o efeito ansiolítico do neuroléptico as acalma, embora não sejam psicóticas.

Em San Servolo, no arquipélago veneziano, ao lado da igreja e do convento construídos no século VII pelos monges beneditinos, foi instalado, no começo do século XVIII, um hospital. Inicialmente reservado aos doentes mentais da nobreza veneziana, tornou-se alguns anos depois um hospital psiquiátrico completo e funcionou até o final dos anos 1980. Embora o edifício abrigue hoje uma instituição de vocação internacional, ainda preserva vestígios do passado, como os objetos destinados a controlar os humanos, tanto no hospício quanto nas galés: ferros, correntes e camisas de força, em particular.

Ao vê-los, ocorre-nos que o termo camisa de força química utilizado com referência aos medicamentos tem algo de ingênuo, para não dizer de escandaloso. A camisa de força era a barbárie, uma maneira de tratar os homens como animais, prendendo-os, amarrando-os; eram privados de seus movimentos para ficarem ainda mais abandonados a seu sofrimento psíquico. Com os medicamentos, ao contrário, devolve-se a liberdade de movimento aliviando o sofrimento.

Apesar de tudo, a química não tem apenas vantagens. Ela provoca efeitos colaterais – sonolência, aumento de peso, boca seca –, muitas vezes difíceis de suportar. E, embora consiga atenuar o sintoma, às vezes de forma espetacular, nunca pode fazê-lo desaparecer definitivamente. A química não basta a si mesma, deve sempre vir acompanhada de um trabalho psicoterápico.

Se os neurolépticos se mostram indispensáveis, esse nem sempre é o caso dos antidepressivos e dos ansiolíticos, cuja prescrição merece reflexão. Como se sabe, o efeito desinibidor dos antidepressivos pode favorecer passagens ao ato suicida, particularmente em quem tem tendência à impulsividade, os bulímicos por exemplo. Aliás, os problemas foram tantos que hoje existem portarias ministeriais desaconselhando sua prescrição para os menores de 18 anos. Acima dessa idade, ela exige um acompanhamento atento e regular, sobretudo nas primeiras semanas do tratamento, pois o antidepressivo pode provocar ataques de angústia.

Em todo caso, sou contra o fato de serem os clínicos gerais que, na grande maioria das vezes, os prescrevem, pois nem o antidepressivo nem o ansiolítico devem ser uma resposta imediata ao menor mal-estar. Aliás, devemos nos indagar sobre o fenômeno de moda que agora afeta os medicamentos. Quem é que realmente prescreve? Os médicos ou os representantes dos laboratórios? Um jantar num restaurante chique, uma viagem para o fim do mundo, um cruzeiro por mares de um azul-turquesa... bastam para convencer da eficácia deste ou daquele medicamento. Será isso admissível? Reconheço que minha desconfiança da farmacopeia decerto provém em grande parte de meu desconhecimento do assunto. Estou disposto, portanto, a manter uma formação contínua, mas me deixar formar por representantes de laboratório, certamente não.

A meu ver, em muitos casos o medicamento não é necessário. Não é porque acredite na virtude do sofrimento, mas não se perde nada tentando entender o que ele vem revelar de nós mesmos em vez de abafá-lo a golpes de comprimidos, com as feridas ameaçando reabrir ao menor acontecimento desagradável.

Por trás do recurso quase sistemático aos antidepressivos e aos ansiolíticos, opera uma ideologia do "tudo está sempre muito bem", que mais cria mal-estar do que o alivia. Já não se suporta a menor perturbação, a menor dificuldade, como se a vida fosse feita apenas de impulsos, desejos, projetos, triunfos, sem jamais haver dúvidas, interrupções, inquietações. Felizmente, a vida é composta de momentos que não se parecem uns com os outros e que fazem a sua riqueza; há os alegres e os tristes. A tristeza é inerente à condição humana, buscar eliminá-la a qualquer preço é privar-se de uma parte de si. O fracasso ensina tanto quanto o sucesso. Isso não significa exaltar uma visão dolorista da vida, mas reconhecer que, às vezes, o que é "anormal" não é a tristeza, mas a ausência de tristeza. É preciso saber deixar a dor passar... Por isso, quando recebo um adolescente cujo pai acabou de se suicidar, não tenho de intervir nem de prescrever. O luto é um tempo necessário que também permite crescer.

Ao prescrever rápido demais, transmite-se ao adolescente a ideia de que ele não tem dentro de si as forças necessárias para sair daquilo. Corre-se assim o risco de criar uma dependência psicológica a um produto: quando ele for tirado, ele terá a impressão de se sentir menos bem. Isso pode favorecer o desenvolvimento de uma adição posterior? Valeria a pena pensar nisso, tanto mais que muitos estudos mostram que as crianças a quem, quando pequenas, foram administrados sedativos são mais sujeitas à toxicomania que outras. O recurso sistemático a um "objeto" externo que acalme a angústia e as tensões impediu-as, de certo modo, de encontrar a tranquilidade interna de que todos precisamos. O psiquiatra e o terapeuta são "produtos" menos nocivos e não provocam dependência.

7. Quando a doença intervém

A doença é sempre injusta, mas sem dúvida o é mais ainda numa idade em que se crê que tudo é possível e que se pode tudo. Ela vem então limitar o campo dos possíveis e impõe limitações, vividas como entraves a uma liberdade nova de que se quer desfrutar plenamente, a cada segundo. Por mostrar ao sujeito que ele não é plenamente senhor de sua vida, ela faz surgir a revolta. Entre recusa de se submeter aos tratamentos necessários e negação da doença, o adolescente é levado a comportamentos excessivos, oscilando entre a hetero e a autoagressividade, que são condutas de risco.

Tornar-se proprietário de sua doença

A vida escolar de Fabrice, 14 anos, é catastrófica. Sua nota média não passa de 5, apesar da boa vontade e da paciência dos pais, que fazem de tudo para ajudá-lo, sobretudo o pai, ele mesmo professor. O modo como ele se apresenta diante de mim, sua maneira de falar, sua falta de concentração, sua agitação permanente me fazem pensar que esse menino não dispõe das capacidades suficientes para seguir um curso normal. A sós com os pais, digo-lhes imediatamente que estou pensando em submetê-lo a alguns testes de avaliação, mas eles me afirmam que o filho está plenamente apto a se sair bem. O que fico sabendo, e que eles tinham calado até então, é que Fabrice é hemofílico de nascença. Seus pais sabiam que havia um risco de transmissão genética dessa doença, mas tomaram a decisão respeitável de tentar a sorte. Embora o pai já tivesse dois filhos de uma união anterior, a mãe ainda não tivera nenhum. Sentindo-se em parte culpados, ambos investem muito nesse menino, que tendem a superproteger.

Fabrice foi uma criança bastante fácil, mas, com a adolescência, literalmente "explodiu" e se tornou insuportável, tudo servindo de pretexto para crises. Ele berra, chuta um armário até derrubá-lo quando o pai, por prudência elementar, lhe proíbe andar de *skate* com os amigos, despeja o conteúdo das latas de lixo no meio da sala, espalha suas roupas pelo apartamento, provoca o quanto pode para arrumar briga com garotos de sua idade, estoura rojões na vizinha, sabota constantemente sua vida escolar... Em suma, Fabrice tornou-se um agitador profissional, e seus pais estão à beira do esgotamento. A tal ponto que a mãe decretou que dali em diante passaria os fins de semana em outro lugar, para não ter mais de padecer suas desordens.

Apesar da doença, a infância transcorreu sem maiores problemas. Não espanta: em geral, não há paciente que condiga tanto com esse nome quanto uma criança. Ela se submete aos tratamentos com docilidade, dá provas de uma curiosidade epistemológica em relação à sua doença, o que acarreta sua maturidade precoce e muito juízo. É protegida pelos pais, certamente um pouco mais que as outras crianças, mas isso ainda está dentro da ordem normal das coisas e a criança confia neles, na sua capacidade de tranquilizá-la. Será que, no fundo, ela mantém a crença de que irá se curar na adolescência? A adolescência, ao contrário, a faz tomar ainda mais consciência de sua doença: impõe limites que a criança recusa porque quer ser dona de seu corpo, de sua vida, livre para decidir como quer viver. Tenta separar-se dos pais, e sua doença lhe oferece um motivo perfeito para atacá-los: Fabrice os acusa de lhe terem transmitido hemofilia – portanto, a seu ver são culpados e mais ou menos diretamente responsáveis por seu comportamento – e, ao mesmo tempo, de não o deixar viver a vida de um adolescente de sua idade. Quer ser como os outros, para se sentir "normal", e, se deseja se diferenciar de seus pares, é pelos meios que escolher e não apenas por sua doença, sinal distintivo que ele rejeita. Por meio de seus excessos e de suas imprudências, contudo, ele apenas reforça a preocupação dos pais, mas se queixa da tendência deles à superproteção e as relações parecem se congelar num círculo vicioso interminável.

O internato pareceria uma boa solução, mas Fabrice a recusa firmemente, ameaçando pôr o estabelecimento abaixo se for mandado para lá contra sua vontade. Como não acreditar nele, uma vez que nada parece capaz de detê-lo em suas condutas que evocam distúrbios de comportamento? No entanto, apenas o distanciamento permitiria desatar a situação. Os avós, doentes, não podem assumir as tarefas dos pais, mas uma filha mais velha do pai se propõe acolher Fabrice nos fins de semana. É casada, tem três filhos, entre eles as relações são boas e, com ela, Fabrice não se permite os mesmos excessos que em casa. Decerto ele pressente, com razão, que essa meia-irmã não terá a mesma tolerância com ele.

Diante dos pais, Fabrice permanece como vítima de sua doença, numa oposição agressiva, sem dúvida preferível à resignação e ao retraimento, mas ele não percebe quanto ela o coloca em perigo. Deve, ao contrário, apropriar-se dela para entender que aquilo que sua hemofilia lhe proíbe no plano físico não o impede de explorar outros terrenos, intelectual e social sobretudo. É um longo caminho e um trabalho difícil, que exige um acompanhamento psicoterápico, mas será que algum dia a revolta se extinguirá totalmente?

Destruir a doença

Géraldine tem 19 anos. Começou um diabetes insulinodependente aos 12 anos de idade e convive desde então com essa doença que a obriga a uma vigilância específica. Conhece perfeitamente todas as complicações que esse diabetes pode acarretar se ela não se submeter aos tratamentos: perda de visão, complicações renais e vasculares, desgaste prematuro do coração, envelhecimento precoce... Tem raiva da ciência médica que não faz nada pelos diabéticos, dos cirurgiões que não são capazes nem de proceder a um enxerto de pâncreas. É uma jovem furiosa, que não suporta a cronicidade de sua doença, da qual sabe que nunca se curará. De vez em quando, ela fraqueja. Então se injeta doses de insulina claramente superiores às que necessita, o que pode matá-la. Felizmente, a mãe a vigia, sabe administrar-lhe o medicamento apropriado caso necessário. Mas, quando chega tarde demais e a filha está passando mal, leva-a ao pronto-socorro onde lhe administram os remédios na veia. Isso já aconteceu várias vezes. Como impedir que isso continue acontecendo?

Géraldine diz que essa vida não lhe interessa, porque é a doença que manda nela e que está condenada a padecê-la. E ela cria pequenas mortes para lutar contra essa morte a fogo lento que lhe anunciam.

Antonia, 17 anos, também tem um diabetes insulinodependente. O início da doença se deu de maneira cataclísmica quando ela tinha 8 anos: ablação do baço, púrpura... Complicações terrificantes que fizeram Antonia desenvolver uma espécie de hipocondria e temer, sobretudo, que um novo cataclismo venha se abater sobre ela. De modo irracional, qualquer resfriadinho lhe parece uma ameaça mortal.

Há mais de dois anos ela sofre de uma depressão severa e já tentou se suicidar, também se injetando doses maciças de insulina. Foi internada uma primeira vez na cidade do interior onde mora, e depois dessa internação ela desejou retomar a vida escolar interrompida. Mas ainda se sentia frágil demais para voltar a morar em sua casa: temia que, estando só, não conseguisse dar conta dos momentos de desespero que continuavam a assaltá-la de vez em quando; foi por isso que lhe prescreveram uma internação noturna, para tranquilizá-la e prevenir qualquer recidiva de passagem ao ato suicida.

Suas várias recaídas depressivas prejudicaram sua vida escolar e atualmente ela procura obter uma liminar para poder prestar o *baccalauréat* no exame de setembro. Vive perpetuamente numa atitude paradoxal: por um lado, reclama cuidados e atendimento, por outro, às vezes os rejeita. Recentemente, deveria ter sido reinternada na Maison de Solenn, mas no último momento não apareceu; disse que tinha de cuidar de seus cachorros. Com eles, Antonia encontra uma proximidade que não tem com os adolescentes de sua idade, e gosta de que eles precisem dela. Deve-se dizer que, por estranha coincidência, os cães de Antonia sempre têm problemas de saúde: um é incontinente, a outra pôs no mundo filhotes natimortos e terá agora de ser sacrificada... Ocupar-se das doenças deles a distrai da sua própria, dando-lhe a impressão de ser útil.

A doença crônica na adolescência fixa o tempo, pois acompanhará o sujeito pelo resto da vida. Coloca-o em situação de passividade, submetendo-o a exigências de cuidados diários, numa idade em que, em tempos normais, ao se tornar ator do próprio destino, o indivíduo se livra da submissão, sobretudo em relação aos pais. Assim, a doença crônica condena em parte à impotência e muito frequentemente provoca depressão.

Como o diabetes lhes dá a possibilidade de brincar com a morte, Géraldine e Antonia aproveitam, por assim dizer. A tentativa de suicídio é para elas como que uma saída, um meio de escapar de uma vida que não escolheram e cuja perspectiva, às vezes, lhes é insuportável. Pode-se pensar que, ao se injetar doses elevadas de insulina, Géraldine busca mais destruir sua doença do que se matar. Como os antidepressivos, o medicamento que trata também é o que pode matar, se desejarmos.

Para Géraldine, o diabetes é o fator desencadeante de uma depressividade hostil. Em contraposição, tudo na história de Antonia – inibição, dúvida sobre si mesma, dificuldade de fazer amigos, de tomar a palavra em sala de aula – mostra que a fragilidade era preexistente à doença. Esta vem lhe oferecer uma possibilidade particular de exprimir seu desassossego e suas incertezas adolescentes ao mesmo tempo que as oculta.

É evidente: a doença orgânica não impede o distúrbio psíquico – pode até lhe dar origem. E ambos devem poder ser tratados num mesmo lugar. Não confio nos serviços especializados que tratam de pacientes de diversas idades que sofrem de uma mesma patologia. Por acreditar na heterogeneidade dos cuidados, acredito na heterogeneidade das doenças, agrupadas em função da idade dos pacientes. A Maison de Solenn dispõe, portanto, de vinte leitos de hospitalização: seis para transtornos alimentares, seis para pediatria, seis para psiquiatria e mais dois leitos "variáveis" para responder a determinadas urgências. Anoréxicas, miopatas, hemofílicos (como Fabrice), diabéticos insulinodependentes, deprimidos, histéricos, *borderlines* convivem, todos eles confrontados com outras problemáticas além da sua. A abertura oferece maior possibilidade de melhora do que o encerramento com pares que sofrem da mesma afecção. Ademais, parece mais estimulante para as equipes, porque isso exige adaptar-se e questionar o tempo todo o modo de apreender os pacientes. Pela força das circunstâncias, cada caso é singular e impede toda padronização do atendimento que, a meu ver, equivale a uma renúncia que não se reconhece como tal.

Se a adolescência pode ser considerada um espaço intermediário, a psiquiatria do adolescente deve ser uma medicina intermediária entre a psiquiatria infantil e a psiquiatria do adulto, e deve dedicar-se a cuidar da saúde em sentido amplo, sem distinção entre patologias orgânicas e patologias psíquicas.

Barbara[1]

Barbara tinha 16 anos quando diagnosticaram nela um osteossarcoma, câncer dos ossos dificilmente controlável cujo prognóstico vital é mais que reservado. Desde então, foi acompanhada por uma equipe muito competente da unidade de adolescentes do Instituto Gustave-Roussy, que um dia a encaminhou para nós por dois motivos: Barbara tentou se suicidar e emagreceu de maneira espetacular, a ponto de ser difícil acreditar que fosse efeito apenas da doença.

Não tardaremos em perceber que Barbara tinha uma verdadeira posição anoréxica. Aliás, ela ficava muito à vontade com as anoréxicas do serviço. Imagina-se que, por meio desse comportamento, ela tentava recuperar um pouco de controle sobre seu corpo: a doença o está destruindo, ela decide tomar para si a escolha de seu emagrecimento, como se pudesse, ao menos nesse ponto, mostrar-se mais forte que o câncer e manter uma aparência de controle sobre sua evolução.

• • • • • • • •

1. Como no caso de Michel, em *Œdipe toi-même*, mantive o nome verdadeiro dessa jovem, por afeição.

Inteligente e talentosa, Barbara não tardou em atrair para si grande parte da atenção dos cuidadores, que lidavam pela primeira vez com uma patologia tão pesada. Seu estado foi melhorando aos poucos e considerava-se a possibilidade de ela logo estar apta a sair e retomar a vida escolar. Mas a descoberta de uma metástase pulmonar exigiu uma nova hospitalização, que foi feita alternadamente em Gustave-Roussy, para a quimioterapia, e na Maison de Solenn, porque, o que é muito compreensível, a jovem ficou deprimida.

Ao ser internada de novo, Barbara pediu para me ver e me entregou um texto que escreveu, embora, disse ela, o considerasse medíocre. Tratava-se de uma descrição bastante factual de seu cotidiano, onde evitava contar o que lhe passava pela cabeça. Num primeiro momento, eu a elogiei, com uma pontinha de provocação: "Esperava de você mais imaginação e virtuosismo..." Ela fingiu não escutar, continuou a falar sobre os motivos que a levaram a escrever aquelas linhas e, pouco a pouco, fui tomando consciência de minha falta de jeito: para Barbara, aquele texto devia ser uma maneira indireta de conseguir falar de seu medo da morte. Então, tentei fazer o possível para me redimir, mas, envergonhado, gaguejei qualquer coisa, me atrapalhei, só me enrosquei mais. A ponto de acabar dizendo: "Tenho a impressão de que estou me tornando sua mãe..."

A resposta não tardou, um tanto maliciosa: "Ah, eu tinha medo de que você não percebesse!" Ela entendeu que a emoção me afastava de meu papel de psiquiatra e me fazia adotar uma posição um pouco parental.

A questão é que Barbara estava justamente em conflito com os pais, mais particularmente com a mãe, como se não suportasse a imagem de uma mãe que ela nunca poderá vir a ser. Mas esses conflitos que ela provocava, oscilando entre rebelião, reconciliação e ruptura, eram um meio de acelerar o tempo e de viver tão plenamente quanto possível uma adolescência que a doença ameaçava interromper prematuramente. Por causa do câncer, os conflitos foram inicialmente abafados, e o movimento de aquisição de autonomia e de tomada de distância se chocou com a superproteção dos pais. Barbara queria ser uma adolescente como as outras. Aliás, seu instinto de vida geralmente prevalecia sobre a depressão. Um dia, encarregada de redigir a ata do grupo terapêutico da quinta de manhã, ela veio entregá-lo, dizendo: "Já sei o que vou ser mais tarde, quero me tornar secretária de consultório médico."

Nunca esquecer este princípio fundamental: o que conta não é a doença, mas o sujeito. Contudo, uma patologia como o câncer detém o tempo e invade tudo: obriga a cuidados intensivos, às vezes suspende a vida escolar, cansa, isola, concentra a revolta, a dúvida, a preocupação. Assim, tudo gira em torno dessa doença incurável. Apesar de tudo, Barbara continuava sendo uma adolescente, com as características de sua idade, ainda que o câncer viesse embaralhar as cartas. O confronto com a morte a obrigava a se tornar adulta mais cedo que os outros, sem deixar de colocá-la às vezes em posições de regressão infantil um pouco acentuadas, com necessidade de se sentir protegida, acalmada, consolada. Num momento em que muitos se debruçam sobre os pré-adolescentes, noção no mínimo discutível, Barbara vinha me mostrar que deveríamos nos interessar mais pelo que poderíamos chamar de pré-adultos, os adolescentes grandes.

Sua doença orgânica exigia um tratamento adaptado, mas não dispensava acompanhamento psicológico. Para nós, o que importava não era seu câncer, mas o que podíamos fazer para ajudá-la a viver bem, ou, em todo caso, o menos mal possível, sempre estimulando seu jogo psíquico, para que ela pudesse retomar a vida escolar, ter relações tranquilas com os pais, fazer projetos, ainda que de curto prazo. Devíamos funcionar, essencialmente, como uma dessas unidades de cuidados paliativos que devolvem à medicina suas cartas de nobreza. O sujeito nunca desaparece por trás de sua doença e é acompanhado até o fim, sendo escutado, massageado, tocado, para que nunca se sinta abandonado e para que o tempo que lhe resta seja um tempo de vida, em sentido pleno.

A história de Barbara me remete a meus primeiros tempos de psiquiatra infantil, no serviço de pediatria do prof. René Bernard. Recém-saído de minha experiência asilar, tal como a descrevi no começo deste livro, esperava encontrar ao lado das crianças uma normalidade menos perturbadora que a estranheza dos doentes mentais. Mas os pequeninos, muitas vezes afetados por patologias gravíssimas, viam-se confrontados com a morte, o que me pareceu uma anormalidade ainda maior, pelo menos mais insuportável. Foi quando descobri alguns de meus limites: eu era incapaz de fazer lutos sucessivos daquelas crianças a quem me apegava[2]. Desde então, o tempo passou. Barbara está morta, mas sobretudo graças a ela sei que, seja qual for a doença, o psiquiatra sempre pode acompanhar a vida. Sei que nunca me curarei totalmente de sua morte e do luto que ela acarreta, mas posso suportá-los, superá-los. Barbara permanecerá na minha lembrança, como Michel, como todas as crianças e adolescentes que acompanhei e me fizeram amar a desordem de minha vida. Mais ainda que as crianças, os adolescentes me ensinaram que, para eles, a única coisa que conta é o instante presente. Por isso a medicina do adolescente tem de ser uma medicina do instante, empenhando-se para que cada instante vivido, por mais doloroso que seja, nunca seja um instante perdido.

....

2. Ver a esse respeito a história do pequeno Michel em *Œdipe toi-même!* (Éditions Anne Carrière, 2000).

Conclusão provisória

Lembro-me de um de meus mestres que, em idade avançada, dizia sempre: "No estágio de formação em que estou..." Na época, jovem interno aflito para mostrar que já sabia tudo, eu o achava um pouco ridículo na sua postura de eterno aprendiz e desconfiava de que fosse falsa modéstia. Atualmente, entendo-o e poderia fazer minhas as palavras que ele pronunciava. Minha formação está longe de ter terminado. Será que algum dia terminará? Sei que nunca se acaba de aprender.

Trabalhei por muito tempo com crianças pequenas e pouco a pouco as fui deixando, não por desinteresse, mas simplesmente porque estava envelhecendo. Em suma, o desenvolvimento da criança já tinha sido amplamente explorado, estava quase balizado demais. Em contraposição, a adolescência parecia ser a última *terra incognita* da psiquiatria. Fazia-me pensar naquelas zonas brancas, nos mapas de geografia dos meus anos de primário, que indicavam regiões inexploradas aonde ninguém jamais se aventurara. Aquilo era suficiente para satisfazer minha vocação de pesquisador ansioso por descobrir novos horizontes, consciente, apesar de tudo, de que algumas terras não se deixam abordar facilmente. Mas era uma dificuldade suficientemente estimulante para que eu a enfrentasse.

Pessoalmente, eu gostara da minha infância e de suas bizarrices, mas guardava poucas lembranças de minha adolescência – mais convencional, normal demais, diríamos atualmente. Eram os anos 1960, ouvíamos *jazz*, Art Blakey, Jimmy Coltrane, Sonny Rollins, que íamos aplaudir no festival de Antibes, onde dormíamos em Citroëns 2 CV que eram como palácios.

Meu desempenho escolar não era tão bom quanto no ensino fundamental, eu lia pouco, era magro, fazia remo, usava camisas brancas de manga curta compradas no bazar de roupas usadas americanas, calças compridas, azul-marinho no inverno, beges no verão, e um *duffle-coat* que nunca consegui largar. Passava horas discutindo nos bares em que circulavam baseados, mas eu não tocava neles. Às vezes me embebedava no sábado à noite, mas era muito protegido por uma fragilidade herdada do lado materno: qualquer excesso provocava em mim dores de cabeça terríveis que puniam qualquer abuso, dissuadindo-me de fazê-lo com muita frequência – deixo para os psicanalistas o cuidado de decidir se eram somatizações.

Meu pai sempre tinha uma autoridade absoluta sobre mim; eu não discutia o que ele dizia, eu aquiescia, não achava que era um "velho babaca", apenas que era meu pai e que ele e eu éramos diferentes.

Eu já sabia que não seria como meus pais, que tinha de aceitá-los como eram, com grande modéstia. Quando ia a baladas no sábado à noite, descobria um mundo que não era o meu: mansões com banheiros, duchas e banheiras, quando, na minha casa, nos lavávamos numa bacia, na pia. E, às vezes, eu quase odiava aquele mundo que me parecia de acesso impossível.

Eu tinha amigos, sobretudo rapazes, porque ficava mais à vontade nas relações com eles, tanto na amizade como na inimizade. E, embora me interessasse muito pelas moças, tinha medo de tomar a iniciativa. Contudo, quando vejo fotos daquele tempo, acho-me muito mais bonito do que imaginava na época e lamento não ter tirado mais proveito disso, evidentemente.

A dúvida me habitava e, ainda que me esforçasse para mantê-la a distância por meio do discurso, tentando ter a última palavra com meus interlocutores, era perseguido pela ideia

do que ainda não era e poderia me tornar um dia. Tinha mais vontade de inventar que de aprender. Sonhava com conquistas. Estava à espreita do futuro mais do que na realidade do presente.
O tempo passou, envelheci, os adolescentes mudaram. Não me reconheço neles, mas sei que temos em comum esse apetite de conquistas.

Quando comecei, ia a Paris a cada quinze dias para assistir às consultas de Michel Soulé, por quem tenho uma admiração e um carinho indefectíveis. Certo dia, ao notar meu ar chateado, perguntou-me as razões daquele enfado. "Quando volto para Marselha, tudo bem, porque estou imbuído da lembrança do dia de consultas com o senhor; no entanto, quanto mais os dias passam, mais fico com a impressão de trabalhar mal...
– E se, em vez que se esforçar para fazer o que eu fiz, você tentasse ser um pouco você mesmo?"
Estímulo trivial, mas fundamental. Não procurar imitar, mas nutrir-nos de todos os exemplos com que cruzamos e que nos impressionam o bastante para nos dar vontade de prosseguir e de progredir. Não nos empenhar em fazer o que outros fizeram antes, mas inspirar-nos em sua prática para encontrar o próprio caminho. Graças a mestres, à confiança que nos demonstram, conseguir tornar-nos nós mesmos paulatinamente. Isso exige tempo, como se sabe, é a conquista de toda uma vida.
Acabamos por pensar que, talvez, a busca adolescente de uma autoimagem aceitável jamais termine. Aprendemos a compor com nossos limites, mas no fundo sempre mantemos o desejo de ultrapassá-los e conseguir ser um pouco melhor do que somos na realidade. E mantém-se tenaz a vontade de provar para nós mesmos que sempre podemos melhorar.
Definitivamente, a desordem não está perto de parar.

Agradecimentos

Obrigado a Michel, Barbara, pela continuação.

Obrigado a Christiane, aos médicos, enfermeiros, ajudantes de enfermagem, aos professores, educadores, à assistente social, ao pessoal de recepção e da administração da Maison de Solenn – Maison des adolescents [Casa dos adolescentes].

Obrigado aos professores de francês, de filosofia da École à l'hôpital [Escola no hospital], de música, de artes plásticas, de educação física, que, com seus cúmplices das oficinas de rádio, dança, teatro, midiateca (são duas), cabelo, estética, roupoteca e cozinha (obrigado às nutricionistas), me acompanharam na aventura dos cuidados culturais.

Obrigado a Geneviève, gerente, que organiza a presença efetiva da equipe de terapeutas durante essas atividades.

Obrigado a Maryline, do Institut Mode Méditerrannée, e à Féderation française de prêt-à-porter féminin.

IMPRESSÃO E ACABAMENTO

YANGRAF

GRÁFICA E EDITORA LTDA.
WWW.YANGRAF.COM.BR
(11) 2095-7722